CAUSES SECRÈTES
DE LA CONJURATION

ROYALE ET MINISTÉRIELLE

DU PAVILLON MARSAN

CONTRE LE PEUPLE FRANÇAIS.

PARIS. — IMPRIMERIE DE CASIMIR,
RUE DE LA VIEILLE-MONNAIE, N° 12.

CAUSES SECRÈTES

DE

LA CONJURATION

ROYALE ET MINISTÉRIELLE

DU PAVILLON MARSAN

CONTRE LE PEUPLE FRANÇAIS;

Suivi du Tableau historique des Événements qui ont précédé, accompagné et suivi la Révolution des 26, 27, 28 et 29 juillet 1830, renversé le Trône de CHARLES X, et forcé ce Prince à passer en Pays étranger.

Accompagné de Pièces authentiques et Révélations importantes sur les Personnages les plus influents de la Cour et des Ministères.

Prix : **2 fr. 50** cent.

A PARIS,

CHEZ LES MARCHANDS DE NOUVEAUTÉS,

ET RUE DE L'ODÉON, N° 23.

—

1830.

CONJURATION

ROYALE ET MINISTÉRIELLE,

CONTRE

LE PEUPLE FRANÇAIS.

Causes secrètes de la Conspiration royale-ministérielle, contre le Peuple français.

§ I.

« L'ancien régime, tout l'ancien régime, et
« quelque chose de plus dur encore que l'ancien
« régime, n'a cessé d'être, dans votre conseil, votre
« cri favori... » Ainsi s'exprimait le duc de Cré-
qui-Montmorency, dans un mémoire adressé par
lui à Louis XVI et à la reine Marie-Antoinette,
le 30 mai 1792. Sa voix éloquente et patriotique
ne fut point entendue, ses sages conseils furent
méprisés, et l'on sait ce qui s'en est ensuivi.

Ces longs et terribles désastres, dont la génération qui en a été témoin a transmis le souvenir à la génération nouvelle, vingt-cinq ans
d'exil et de malheur n'ont été qu'une leçon inutile pour cette famille, qui n'a rien appris ni
rien oublié. Rétablie sur le trône par une suite

d'événements extraordinaires qu'elle ne pouvait prévoir, et dont elle n'a pas su profiter, elle se voit pour la troisième fois précipitée de ce trône sur lequel il lui eût été facile de se maintenir. Les avertissements ne lui ont pas manqué; la presse périodique, le cri de la France entière lui signalait l'abîme où la poussait une faction criminelle, dont tous ont été, comme leurs pré-décesseurs, les instruments et les victimes.

La révolution de 1830 est sans exemple dans l'histoire, comme la conspiration qui en a pro-voqué l'explosion. Imposée à la France envahie et non conquise par l'Europe armée, cette famille ne comprit ni ses intérêts ni ceux du pays qu'elle allait gouverner. L'ancien régime, tout l'ancien régime, et plus que l'ancien régime, devint encore l'unique but de ses vœux, de toutes les opérations de son gouvernement.

Tandis que Louis XVIII, plus éclairé et plus habile, proclamait cette Charte constitutionnelle qui, rattachant le présent au passé, semblait promettre un avenir de bonheur et de gloire pour le monarque et pour la nation, le frère de ce prince, oubliant ses devoirs, ne songeait qu'au rétablissement du régime absolu, et rallumait les torches encore fumantes de la guerre civile.

Ses émissaires répandaient avec profusion, dans les départements de l'ouest, sa proclamation contre-révolutionnaire. Il signalait sous les plus odieuses couleurs et nos armées qui avaient vaincu l'Europe conjurée contre nous, et ses immortels exploits, et le dernier chef qui les avait commandées. «Espérez, leur criait le comte d'Artois, « espérez.... il faut donner une nouvelle direc- « tion à ces hordes féroces, dignes compagnons « de leur chef sacrilége et détrôné. Le grand « œuvre (la contre-révolution) se consomme in- « sensiblement, leurs officiers disparaissent peu « à peu de leurs rangs, et à leur place montent « des hommes sûrs, des royalistes éprouvés, qui « auront bientôt pris, sur les phalanges du tyran « chassé, cet heureux ascendant que donnent « l'autorité et l'illustration du sang...

« Dans peu vos ennemis seront les instruments « de votre volonté...; c'est alors que vous brillerez « sans nuages, seuls et vrais héros français : c'est « alors qu'on écartera sans retour ces hommes « nouveaux, que l'impérieuse loi de la nécessité « nous fait encore ménager.

« C'est alors que s'accomplira cette contre- « révolution qu'on n'a pu qu'ébranler, ce retour « absolu et général à l'ancien régime... Es- « pérez!!! »

Cette proclamation de *Monsieur* aux Vendéens ne produisit aucun effet sur la population des départements de l'ouest. Les paysans bretons n'avaient pu oublier qui avait causé tous nos malheurs, et quelle main les avait réparés. Les pensions, les grades militaires, les emplois de tout genre étaient prodigués à leurs anciens chefs; mais tout le reste était oublié, ou du moins on ne leur prodiguait que de fastueux éloges et de stériles promesses; les masses restèrent immobiles et muettes.

Alors se forma ce gouvernement occulte, plus actif, plus puissant que le gouvernement patent. Le roi de la faction contre-révolutionnaire siégait au pavillon Marsan; son frère, que la faction n'appelait que le roi XVIII, gouvernait à sa manière à l'autre extrémité du même palais. D'accord dans leur but, les deux gouvernements ne différaient que dans leurs moyens. C'est de ce double foyer d'intrigue que sont émanés tous les maux qui, pendant quinze ans, ont pesé sur la France nouvelle; le temps des révélations est arrivé.

Qui donc a pu enhardir à cet excès de fureur et de crimes les lâches conseillers du plus inepte des princes? la tranquille sécurité d'une nation qui avait le sentiment de sa force et de sa dignité. Ils ont pris pour l'expression de la crainte, le silence du mépris et de la pitié.

Je ne retracerai pas le scandaleux et dégoûtant tableau des premières opérations du gouvernement royal. Le favorisme se montra sans voile; et M. de Blacas, abusant sans pudeur de la confiance du monarque, tint bureau ouvert des grâces et des faveurs de la nouvelle cour; les charges administratives et judiciaires, grades militaires, décorations, les préfectures comme les débits de tabac, tout fut mis à l'enchère; les prélatures même firent partie de ce commerce. Les millions entassés par Napoléon dans les caves des Tuileries, le riche mobilier des résidences impériales, tout fut enlevé et partagé par le favori et ses créatures. Des valeurs immenses disparurent en quelques jours : ce ne fut là que le prélude de spoliations plus scandaleuses encore; après avoir calmé les premières exigences de la cupidité, il fallut faire la part de la vanité féodale et des insatiables prétentions du sacerdoce.

Plus de conscription, plus de droits réunis, telles avaient été les premières promesses des princes. Ce ne fut point l'espérance de voir cesser ce double fléau des familles et de l'industrie qui rallia la France sous la bannière des Bourbons, mais l'impatience de se soustraire au despotisme militaire de Napoléon. Ce despotisme n'était pas sans compensation; s'il y avait égalité de sacrifices, il y avait aussi égalité de récompenses. Le soldat plébéien pouvait, en risquant sa vie, parvenir à tous les grades militaires. Bientôt la conscription et les droits réunis furent rétablis; il n'y eut de changé que le nom ; mais le plébéien fut condamné à n'être que soldat; toutes les places d'officiers furent réservées aux familles titrées. La maison militaire du roi ne fut composée que de jeunes nobles ; elle fut organisée telle que l'avait laissée Louis XV. On vit reparaître les chevau-légers, les mousquetaires gris, les mousquetaires noirs ; les régiments perdirent leurs noms historiques, l'armée perdit sa force navale ; on la crut dévouée, elle n'était que résignée. Bonaparte, en bravant l'opinion publique, en s'isolant de la nation, avait perdu le trône. Les Bourbons ne pouvaient espérer de se maintenir qu'en s'identifiant à la nation, ils affectèrent de l'affronter ; ils furent abandonnés à leur tour ; ils tentèrent de s'en rapprocher au moment du danger, il n'était plus temps ; en vain ils descendirent aux plus humiliantes supplications, aux caresses, aux excuses même, ils se trouvèrent sans appui, sans armée ; et on apprit leur départ sans surprise et sans regret. Bonaparte ne sut pas profiter de ces avantages, il commit les mêmes fautes ; après avoir reconnu, proclamé la souveraineté nationale, il osa s'arroger le pouvoir constituant, il osa imposer aussi une *Charte* qu'il appela acte additionnel aux constitutions de l'empire.

Dès cet instant son sort fut décidé ; il ne fut plus considéré que comme un usurpateur, un despote incorrigible ; cependant il eût pu vaincre encore, s'il n'eût pas été environné de traîtres qui l'abandonnèrent sur le champ de bataille.

Toute la population armée combattait non pour lui, mais pour refouler au-delà de nos frontières les armées étrangères ; Napoléon ne manqua ni de courage ni de talent, mais de prudence.

La France fut de nouveau envahie et non conquise ; mais les populations isolées, sans chef, sans gouvernement, auraient vaincu sans Bonaparte ; la trahison était partout, et les Bourbons reparurent à la suite des armées ennemies qu'ils appelaient leurs alliés.

La France ne les désirait pas, ne pouvait pas même y penser en 1814; ils lui étaient tout-à-fait inconnus, tous ses vœux les repoussaient en 1815; mais ils avaient régné, leurs noms avaient été replacés sur la liste des rois, et leur rétablissement fut considéré comme un droit.

Une anecdote très-répandue, et dont l'authenticité n'a jamais été contestée, confirmerait cette assertion, si elle avait besoin de l'être.

Le congrès d'Aix-la-Chapelle était assemblé ; l'empereur Alexandre avait annoncé à M. Ludwig sa résolution d'aller visiter la belle filature de laine de ce négociant au Bois-Pauline; le prince avait accepté un déjeûné offert par le manufacturier. Le salon était orné de gravures qui représentaient les principaux traits de la vie politique et militaire de Napoléon.

Celle de l'entrevue des deux empereurs sur le Niémen fixait particulièrement l'attention de l'auguste convive.

M. Ludwig attendait avec anxiété que l'empereur manifestât l'impression si vive que faisait sur lui cette gravure. Il était alors du bon ton de ne parler de Napoléon que dans les termes les plus outrageants ; l'explication ne se fit pas long-temps attendre. « C'est vrai, c'est vrai, dit « Alexandre ; mais pourquoi n'en fit-il pas autant « en 1815 sur la Loire, au lieu d'aller se livrer « aux Anglais ? il le pouvait, et s'il l'avait fait, « il serait peut-être encore empereur des Fran-« çais. »

M. Ludwig. « Mais la maison de Bourbon ? »

L'empereur Alexandre, vivement. « La mai-« son de Bourbon, oui, vous avez raison, c'était « alors un obstacle ; mais il l'aurait pu en 1814, « quand les Bourbons n'étaient encore pour rien « dans la guerre (1) ».

On sait comment la proposition du rappel des Bourbons avait été faite en 1814. Inutile de rappeler ces faits généralement connus ; les principaux acteurs de cette intrigue ont eu soin d'en publier toutes les circonstances ; ils n'ont pas tardé à se repentir de leur facile succès ; ils ont appris à leurs dépens que ces princes qui s'étaient montrés d'abord si reconnaissants, les avaient promptement éloignés, et les avaient honteusement expulsés des hauts emplois qu'ils

____

(1) Revue britannique, t. 3, 6ᵉ livraison, décembre 1825, pag. 359.

leur avaient confiés. Ils reconnurent alors, mais trop tard, qu'ils *n'avaient rien appris ni rien oublié*.

Les alliés, qui prétendaient ne s'être armés que contre Napoléon, levèrent le masque, et oubliant le traité qui pour la seconde fois leur avait ouvert l'entrée de la capitale, ils ne dissimulèrent plus leur dessein secret d'épuiser la France, de la réduire à l'impuissance d'agir comme puissance du premier ordre. Ils exigèrent qu'on leur livrât le fruit le plus glorieux de vingt-cinq ans de victoires, la remise des places fortes de nos frontières du nord, les chefs-d'œuvre de nos musées, d'énormes contributions, et les débris de notre marine et de nos arsenaux; les Bourbons acceptèrent toutes les conditions honteuses qui leur furent imposées.

Et au lieu de faire oublier tant de sacrifices et d'opprobre ils organisèrent cette terreur royale qui couvrit la France de proscrits et d'échafauds; ils ne manquèrent ni de délateurs ni de bourreaux, et les proscriptions en masse plongèrent toute la population dans la consternation et le deuil. Ils furent trop bien secondés par les préfets, les cours prévôtales, les chefs militaires qu'ils avaient établis à Lyon, à Grenoble, à Nîmes, à Paris.

Il est aujourd'hui démontré que toutes ces conspirations étaient l'ouvrage de la police; je ne citerai qu'un seul fait sur mille ; la conspiration prétendue des patriotes de 1816 à Paris, était l'œuvre d'un agent de la police de Paris, nommé Scheltien, qui se cachait sous le nom de Dubois. C'était lui qui avait inspiré à Carbonneau, à Plegnier, cette proclamation qui a fait tant de bruit, et que des émissaires bien payés répandirent partout. Les prisons se remplirent de victimes ; les agents provocateurs obtinrent un rapide et honteux succès. Elle était bien propre à séduire des êtres faibles, obscurs, crédules, et exaspérés par le malheur.

D'anciens officiers supérieurs, décorés, simulant le plus ardent patriotisme, la répandaient presque dans les ateliers, les prisons même ; plus de cent personnes furent arrêtées, vingt-huit comparurent sur le banc des assises de la Seine, huit furent acquittées ; la peine capitale allait être prononcée sur le plus grand nombre ; les jurés, quoique le choix eût été combiné d'avance, reculèrent devant la pensée d'une si horrible boucherie. Trois têtes roulèrent sur le même échafaud.

Trois accusés furent voués au fer du bourreau, les autres furent condamnés à la reclusion et à la déportation ; les proscripteurs ne semblaient poursuivre que les *bonapartistes*. Les termes de la prétendue adresse ou proclamation n'annonçaient pas assez clairement que les prétendus conspirateurs avaient pour but le rétablissement de l'héritier de Napoléon.

Voici les passages les plus remarquables que nous copions sur l'expédition certifiée par le procureur général Bellart, et que nous avons sous les yeux.

Organisation secrète des patriotes de 1816.

« FRANÇAIS, nous sommes arrivés au terme de nos malheurs. Amis intimes du peuple dont nous faisons partie, nous avons lu dans l'âme de nos frères toute l'horreur qu'inspirent les procédés aussi insensés que ceux d'une famille qui doit être rayée pour toujours du catalogue des rois. Ni l'un ni l'autre de ses membres n'est digne de régner sur nous... Ah ! nous perdrions à jamais le droit de nous plaindre de nos oppresseurs, si nous étions assez lâches pour ne pas leur infliger le châtiment qu'ont mérité leurs forfaits ! N'est-ce pas autoriser le crime que de le laisser impuni ?...

« Nous nous sommes empressés de prendre les mesures les plus sages et les plus certaines pour la chute entière des Bourbons... Que les patriotes de l'intérieur se tranquillisent, que les proscrits se rassurent ; nous veillons au salut de tous. Notre succès est certain : nous sommes impénétrables ! on ne nous trouve nulle part, et nous sommes partout. Nous pourrions même défier les satellites de la plus affreuse tyrannie... Nous ne

supposerons jamais de traîtres parmi les compagnons de nos glorieux travaux ; s'il s'en trouvait
un, malheur à lui ! son jugement est prononcé ;
l'exécution serait aussi prompte que la foudre ; il
sera atteint et puni dans quelque lieu qu'il soit...

« Bientôt les moyens de connaître les véritables
amis seront établis d'une manière irrécusable...
Le jour qui se prépare est notre véritable jour
de triomphe et de bonheur....

« Tenez-vous prêts, dans peu vos bras seront
nécessaires : songez que rien ne doit nous man-
quer ; armes, munitions, il n'est pas de sacrifices que l'on puisse se dispenser de faire pour
en avoir. Déjà la majeure partie des braves est
munie de tout ce qui leur est nécessaire ; quant
à l'artillerie, nous savons nous-mêmes où nous
en procurer, et le coup qui doit rendre à la
France sa splendeur et ses droits est déjà à moitié porté...

« Les provinces nous attendent, notre conduite
réglera la leur ; plusieurs même, dans leur noble
impatience, nous ont donné l'exemple.

« Redoublez tous de zèle et d'activité, tant pour
grossir le nombre de nos frères, que pour faci-
liter les moyens de pourvoir d'armes ceux qui
n'auraient pas la faculté de s'en procurer, et qui
désirent néanmoins se signaler comme nous... »

C'en était assez pour signaler un complot contre
ce qu'on appelait alors la légitimité ; il était bien

clair que les conjurés réels ou supposés voulaient renverser la dynastie régnante, mais ce n'était là qu'une résistance à l'oppression, ce n'était que l'acte d'accusation d'un gouvernement intolérable et dont il pouvait être permis de briser le joug. L'agent provocateur Scheltien, fidèle aux nouvelles instructions de ses chefs, se rapprocha de ses crédules victimes, il leur insinua de se prononcer sans ambiguïté pour le fils de Napoléon.

Dès-lors plus d'excuses, plus de doute pour les jurés ; le crime était constant, avéré, et l'agent frappa les derniers coups. Nous ferons ici une remarque importante sur la pièce que nous venons de signaler, et que nous allons transcrire sur les actes de la procédure originale.

Cette pièce, dont on redoutait la publicité, a été soigneusement omise dans le précis de cette épouvantable procédure qui a été publiée ; et à peine indiquée dans les débats, elle n'a pu être copiée dans les journaux de l'époque.

C'est encore sur une exposition authentique certifiée par le procureur général Bellart, que nous transcrivons la copie suivante.

Cette pièce appartient à l'histoire de la terreur royale de 1816.

« En réponse aux observátions de plusieurs de nos frères qui désirent connaître le but de nos opérations, et quel en peut être le résultat, nous leur mandons :

« 1° Que notre but est l'indépendance nationale, telle que nous l'avons annoncé par notre adresse;

« 2° Que nous désirons aujourd'hui terminer la révolution en nous garantissant, pour jamais, des horreurs de l'anarchie;

« 3° Que la France a jeté les yeux sur celui qui lui présente le plus d'assurance, et que c'est Napoléon II qu'elle rappelle sur le trône, aux conditions que la régence acceptera en son nom la constitution qui lui sera produite par le représentant de la nation, et dont la violation d'un seul article le rendrait indigne de gouverner.

« Tels sont les fondements jetés pour le nouvel édifice de notre liberté, et sans lesquels il ne saurait être solide.

« Pénétrés de ces paroles d'un grand homme : « Les souverains sont faits pour les peuples, et « non les peuples pour les souverains. »

« Il serait absurde de supposer que l'on voulût rétablir une république; n'est-il pas démontré jusqu'à l'évidence, par tous les hommes sages, qu'elle ne peut nous convenir?

« Affermissez-nous, chers frères, dans la certitude de notre réussite, redoublez d'efforts pour contribuer à en hâter l'exécution, et croyez à notre reconnaissance, d'abord pour les sentiments de patriotisme que vous avez manifestés jusqu'à ce jour.

« C...., l'un des organisateurs secrets des patriotes de 1816.

« P. S. Les Bourbons une fois détruits, l'Autriche ne peut refuser à la France de lui rendre Napoléon II, et nous sommes assurés que cela entre dans sa politique.

« Les patriotes purs doivent nous accorder une confiance aussi matérielle que nous la leur demandons, dès l'instant que nous jurons de périr plutôt que d'abandonner la cause de la nation qui a prononcé l'arrêt du tyran et l'extermination de sa race. »

Les fabricants de conspirations savaient mieux que personne que le fils de Napoléon n'était qu'un enfant arraché de son berceau pour être transporté sur une terre étrangère, et qui n'avait de français que sa naissance, et qu'une éducation toute jésuitique et les traditions de la cour d'Autriche ont fait Allemand.

Si quelques malheureux sans influence, sans force, sans consistance sociale, ont pu rêver son

retour , ce n'était qu'un vœu éphémère que repoussait la raison, et qui ne pouvait se réaliser.
Mais ce nom devint une arme contre les patriotes, contre la nation tout entière. Que d'in-
fortunés ont été traînés dans les prisons , sur les
échafauds, dans les bagnes et en exil , comme
partisans d'un enfant qu'ils n'avaient jamais vu, et
auquel ne les attachait aucun lien de devoir, d'af-
fection ou d'intérêt!

Que de sang a coulé à Nîmes , à Lyon, à Grenoble, à Marseille, à Avignon, à Paris! que
d'assassinats en masse ont décimé les populations!

Nous avons dit et prouvé que le premier soin
du comte d'Artois, en rentrant en France, avait
été de réorganiser la Vendée, de ranimer le fanatisme des paysans de l'ouest , de récompenser
par des pensions , par des grades militaires , par
des lettres de noblesse, les anciens chefs de
bande.

§ II.

1815 à 1816.

On se rappelle les procès de *l'Épingle noire et
du Lion dormant*, dont l'origine se rattachait toujours à la police; et tandis que l'on poursuivait à outrance les prétendues conspirations, les magistrats
gardaient le silence, et protégeaient par ce silence

même les véritables conjurés, dont les bandes largement rétribuées portaient le deuil et l'effroi dans toutes les familles patriotes. Tous les départements du centre et du midi de la France
étaient livrés aux verdets, aux chevaliers de.
Marie-Thérèse, aux chevaliers du brassard, or-
ganisés par la duchesse d'Angoulême et son
mari.

Les Trestaillon, les Truphemi, les Satgé, et
tant d'autres brigands non moins fameux, poursui-
vaient impunément le cours de leurs assassinats
et de leurs brigandages; c'était là l'unique et
digne appui de cette race ingrate et vindicative
dont la France s'est enfin débarrassée.

Nous ne serons pas injustes; nous ne verrons
dans le comte d'Artois et sa famille que les instruments et non les auteurs de tant de crimes; il faut
plaindre les princes, même quand on ne peut plus
les estimer; il faut faire la part des préjugés dans
lesquels ils ont été élevés. Environnés d'hom-
-mages à leur berceau, ils grandissent, vivent et
meurent dans la plus profonde ignorance d'eux-
mêmes, de tout ce qui les entoure; ils se
croient d'une origine supérieure à celle des autres hommes; ils croient que Dieu les a formés
d'un limon particulier; on ne leur parle que de
leurs droits qu'on exagère sans pudeur, jamais
de leurs devoirs. C'est en dehors des débiles
conceptions de ces vieux enfants qu'il faut cher-

cher la cause première des prétentions et des crimes de l'absolutisme; et, au grand scandale de la religion, c'est au pied des autels que se trouvent les sacriléges auteurs de ces grandes catastrophes politiques, qui depuis plus de huit siècles étonnent et tourmentent les générations.

Les prêtres n'ont ni famille ni patrie ; c'est une déplorable, mais incontestable vérité, confirmée par le témoignage de l'histoire de tous les temps et de tous les lieux ; les événements extraordinaires dont nous avons été les témoins, dont nous avons failli être les victimes, nous ont encore appris ce que c'est que la vengeance d'un prêtre.

La noblesse émigrée avait reparu parmi nous à la suite de l'Europe armée par ses intrigues ; les chefs de ces bannis avaient retrouvé un trône, des trésors ; la noblesse, qui avait partagé la honte et les privations d'un long exil, avait retrouvé des emplois lucratifs, des pensions et un milliard. Les opinions des partisans de ce qu'on appelle la restauration avaient changé avec leurs intérêts ; au désir de posséder avait succédé celui de conserver leur part d'un si riche butin. Mais le clergé, que le budget annuel dotait de quelques centaines de millions, n'était point satisfait ; il voulait aussi devenir riche propriétaire et premier corps de l'État ; lui seul resta dans l'opposition contre-révolutionnaire, et rien ne lui a coûté pour parvenir à son but.

Enhardi par ses premiers succès, nous l'avons vu professer hautement les maximes du plus insolent despotisme ; nous avons entendu leurs mandements factieux insulter à la double puissance de la raison publique et de l'opinion, réclamer sans cesse le pouvoir absolu, en concentrer tous les éléments dans les mains débiles, mais dévouées d'un prince qu'ils gouvernaient à leur gré ; les prêtres courtisans savent bien que le secret le plus sûr pour dominer les princes n'est pas de les flatter, mais de les effrayer, et ils ne se sont point trompés.

Tout puissants sur la coterie bigote et vaporeuse du pavillon Marsan, ils ne pouvaient vaincre l'opposition de Louis XVIII et de son conseil. C'était peu pour eux d'avoir obtenu le rétablissement du honteux concordat de Léon X et de François Ier, si contraire aux libertés de l'Église gallicane, et contre lequel la partie la plus éclairée du clergé de France n'avait cessé de protester. Le nouveau concordat remettait en question la fameuse déclaration du clergé de France de 1682 ; d'autres concessions non moins contraires à notre droit public, aux principes de la Charte, avaient été faites aux conjurés du pavillon Marsan ; la contre-révolution n'était qu'ébauchée, les conjurés étaient encore loin du but qu'ils brûlaient d'atteindre.

Placé entre les résistances de l'opinion publique

et les exigences importunes de sa famille,
Louis XVIII ne cherchait qu'à gagner du temps,
qu'à ménager toutes les oppositions; et toute sa
politique était basée sur cette maxime de Catherine de Médicis : *Soit, pourvu que je règne.*

Ainsi s'expliquent tout naturellement les con-
tradictions, les nombreuses et choquantes ano-
malies qui caractérisent toutes les opérations du
règne de ce prince, qui savait bien qu'il serait le
dernier roi de sa branche, mais qui voulait à tout
prix ne point s'exposer aux chances humiliantes
d'une seconde expulsion; il prévoyait que son
frère, sans caractère, sans volonté, et qui s'é-
tait mis à la merci de ses entours, ne pourrait se
maintenir sur le trône ; que la révélation de son
admission aux fonctions sacerdotales le perdrait
dans l'esprit des Français. Tous les efforts de la
censure pour empêcher cette révélation ne pouvaient qu'en retarder le terme.

Charles X devait continuer les Stuarts et finir
comme eux ; l'aspect du tombeau de Jacques II
à Saint-Germain n'avait fait aucune impression
sur son âme, et s'il eût éprouvé quelque émo-
tion, ses courtisans en soutane lui auraient
répété leur argument ordinaire : Les rois ne
perdent leur couronne que par un excès d'indul-
gence. Qui peut avoir horreur du sang des populations ne sait pas régner. Et les oreilles du vieillard étaient frappées des noms des *rois modèles*

de l'époque, *Ferdinand* et *Miguel ;* il n'a pu entendre autre chose depuis quinze ans.

On ne cessait de lui répéter qu'il fallait déclarer la religion catholique seule religion de l'État, et proscrire par tous les moyens possibles les autres cultes ; que le principe de tolérance religieuse consacré par la *Charte* était une hérésie ; que cet article avait été imposé par la force à la faiblesse du roi son frère ; qu'en attendant que la Providence le plaçât à son tour sur le trône de saint Louis, il devait tout tenter, tout oser pour protéger la religion de ses pères, dont il était l'unique appui, la dernière espérance ; que du succès de cette pieuse entreprise dépendait son salut éternel.

Telles étaient les expressions que répétaient chaque jour au plus timoré, au plus crédule des princes et des hommes, le jésuite Janson, son confesseur, et ses conseillers intimes, les abbés Latil et Tharin ; d'autres conseillers non moins perfides, non moins influents, ne l'entretenaient que de la puissance de Louis XIV *le grand roi ;* de la nécessité de rétablir le pouvoir absolu, *un roi, une loi, une foi.* Le roi de France ne dépend que de Dieu et de son épée.

Ces maximes absurdes et funestes devinrent la règle unique de toute la conduite publique et privée du vieil héritier présomptif du trône ; il lui tardait de pouvoir les mettre en action. Non moins avide de pouvoir, mais plus prudent et plus éclairé, le roi XVIII, comme ils l'appelaient, suivait un autre plan.

Les deux frères cessèrent bientôt de s'entendre, et la société du pavillon Marsan continua toutes les traditions de la société de Trianon. Elle avait ses ministres et ses correspondants dans toutes les *provinces* et à l'étranger ; elle avait placé dans ces dernières relations toutes ses espérances.

Cependant, la France souffrait avec impatience l'armée d'occupation; tout ce qui portait encore un cœur français se demandait pourquoi ces armées étrangères qui, suivant leurs déclarations, ne s'étaient coalisées que pour renverser Napoléon, prolongeaient leur séjour en France depuis que Napoléon était relégué sur le rocher de Sainte-Hélène. On réclamait de toutes parts l'éloignement de leurs armées.

Les princes alliés exigèrent de la France, épuisée par tous les genres de calamités, des sommes immenses; elles leur furent promises et comptées. Ce qui faisait la joie de trente millions d'hommes jeta la consternation dans le comité du pavillon Marsan, mais ne changea rien à ses projets; les souverains alliés et une partie de leurs armées avaient à peine dépassé nos frontières, qu'une première note secrète leur fut adressée pour presser leur retour.

La France n'avait point d'armée, et les alliés

avaient laissé dans la capitale, dans nos principales cités, dans nos places fortes, cent vingt
mille hommes; c'était trop peu pour rassurer
les conjurés du pavillon Marsan. Ils s'efforcent
d'abord, dans leur note secrète du 15 août 1817,
d'alarmer les puissances alliées sur la sûreté de
leurs propres États, et leur signalent la France
comme le foyer d'une révolution permanente,
près de s'étendre dans toute l'Europe, s'il n'est
promptement et fortement comprimé.

« Rien n'est exagéré, disent-ils, dans les
« craintes que nous exprimons : l'avenir les jus-
« tifiera toutes; et si les bornes de cet écrit per-
« mettaient d'en accumuler les preuves, on les
« porterait à l'évidence; mais quelles que soient
« les leçons de l'expérience, elles seront encore
« perdues pour les souverains de l'Europe. Ils
« s'endormiront dans une trompeuse sécurité, ils
« chercheront à se garantir des avertissements
« plutôt qu'à se garantir du danger, ou bien ils
« se flatteront d'arriver toujours à temps pour
« le prévenir : ils penseront que ces cent vingt
« mille hommes d'armée d'occupation suffiront
« pour étouffer les mouvements dangereux, pour
« comprimer l'insurrection, quand elle aura
« éclaté.

« Ils se trompent, la France sera embrasée
« avant que ces faibles moyens puissent apporter
« un secours suffisant pour éteindre l'incendie.

« La France a deux fois souffert l'invasion, parce
« que les alliés portaient avec eux, et pour ainsi
« dire sur leurs drapeaux, de grandes espérances,
« celles d'un gouvernement qui avait pour lui
« de grands souvenirs de bonheur et des garanties
« d'un repos durable. Ces grandes espérances
« ont été déçues, et cette fois on ne les verrait
« plus arriver qu'avec l'horreur qu'inspire l'en-
« nemi qui n'a plus rien à nous offrir en com-
« pensation des maux de la guerre.

« Le prince qui les rappellerait, faute d'avoir
« su gouverner lui-même, deviendrait odieux à
« la nation entière, et le parti qui chercherait
« son appui dans leurs armes serait aussi ennemi
« que les étrangers, et serait repoussé avec eux.

« D'ailleurs, que feraient cent vingt mille
« hommes qui devraient occuper la France contre
« le sentiment profond d'horreur qui s'établi-
« rait contre eux dans toutes les classes de la
« nation? Croirait-on qu'on aurait le temps, les
« moyens de rassembler encore une fois un mil-
« lion d'hommes pour les jeter sur cette malheu-
« reuse France? On ne le pourrait pas dans un
« an : et dans vingt jours la France entière serait
« un camp, une citadelle impénétrable, dont la
« population entière formerait la garnison.

« Se tromperait-on au point de croire qu'on
« pourrait encore, par une longue guerre, la
« démembrer et partager ses provinces? et re-

« garderait-on ce moyen comme le dernier coup
« à porter à la révolution? On serait dans une
« bien grande erreur ; la France est trop com-
« pacte pour se prêter à un morcellement ; des
« liens trop anciens et trop forts en tiennent les
« peuples attachés.

« Outre cela, la première ville que l'on vou-
« drait conquérir, le premier canton qu'on vou-
« drait livrer comme la proie d'un des co-parta-
« geants, serait bientôt une occasion de discorde.

« Enfin, quand des armées innombrables oc-
« cuperaient le sol, et quelle armée ne faudrait-
« il pas pour occuper la France? quand rien ne
« pourrait plus déguiser à ses yeux l'horreur de
« son sort, alors même, dis-je, une dernière res-
« source infaillible lui resterait, la corruption
« des vainqueurs ; et la France révolutionnaire
« décomposerait les armées victorieuses par le
« poison des idées révolutionnaires. »

Que concluaient de cet effrayant tableau les
auteurs de la note secrète? que la Sainte-Alliance
devait imposer à la France un million d'étrangers
armés, et remplacer le prince *qui n'avait su gouverner*, Louis XVIII, par le roi de la congrégation (d'Artois), qui confierait tous les porte-
feuilles, tous les emplois, tous les grades, tous
les éléments du pouvoir administratif, judiciaire et
militaire, aux royalistes purs, qui, aidés de trente
mille gendarmes choisis parmi les Vendéens, les

chouans et les verdets, seconderaient les efforts des armées étrangères, pour comprimer les populations et neutraliser *le poison des idées révolutionnaires.*

Cet acte, adressé *aux quatre grandes puissances alliées,* a le triple caractère d'un acte de souveraineté, d'un manifeste, d'un plan de conspiration.

Aux yeux de la faction contre-révolutionnaire, le seul roi légitime était Monsieur ; c'était l'*homme selon Dieu.* Les conjurés du pavillon ne se dissimulaient pas que si les cabinets étrangers répondaient à cet appel éminemment royaliste, la France ne serait qu'un vaste champ de carnage. Les confiscations des biens des parents des proscrits auraient payé les bourreaux enrégimentés ; mais cette ressource aurait été bientôt épuisée, et les vainqueurs auraient bientôt mis à contribution ceux qui les avaient rappelés : on ne s'avise jamais de tout.

Cette atrocité de moyens, cette folle imprévoyance de l'avenir caractérisent les conjurations ourdies par le sacerdoce. Pour soutenir la sainte Union, la sainte Ligue, organisée par les cardinaux de Lorraine et Granville, les chefs avaient aussi provoqué le concours des armées étrangères, et fondé toutes leurs espérances sur les chances du plus redoutable, du plus désastreux fléau, la guerre civile.

Les guerres qui ont eu pour prétexte et pour

cause la religion ont été les plus longues, les plus meurtrières; et dès qu'un prince a pu croire que l'autel était le plus solide appui du trône, il a été perdu. L'histoire dépose de cette vérité, et les Bourbons ne l'ont pas mieux comprise que les Stuarts et les Valois. Des collatéraux ont succédé à leur couronne, et les lignes directes se sont éteintes; voilà comme les factions anti-nationales entendent *la légitimité*.

Louis XVIII ne pouvait ignorer que ses plus grands ennemis étaient dans sa propre famille; qu'un autre roi régnait près de lui, sous le même toit; que ce rival était plus puissant que lui; que les Chambres secondaient de fait et d'intention les plans du pavillon Marsan. La Chambre introuvable ne savait que proscrire tout ce qui se rattachait aux institutions nouvelles. Encore quelques jours, et la contre-révolution était entièrement consommée, et le même jour verrait le triomphe de son frère et de sa faction, qui dirigeait toutes ses volontés. Il n'y a pas un instant à perdre, et Louis XVIII sentit que la dissolution de cette Chambre factieuse était pour lui une question d'existence. La dissolution fut prononcée, et la France entière applaudit à l'ordonnance du 5 septembre.

Tous les cœurs vraiment français s'ouvraient à l'espérance d'un meilleur avenir; le ministère Decazes avait bien compris les intérêts de la cou-

ronne ; il voulait sauver la royauté par la Charte,
et donner au trône ébranlé par une minorité factieuse le puissant appui de l'opinion. C'est dans
ce sens que furent rédigées les circulaires ministérielles pour les nouvelles élections.

Les instructions envoyées par le ministre diri-
geant aux préfets, sous la date du 12 septembre,
s'exprimaient ainsi :

« Sous le rapport de la convocation, point d'ex-
« clusions odieuses, point d'applications illégales
« des dispositions de la haute police pour écarter
« ceux qui sont appelés légalement à voter; sur-
« veillance active, mais liberté entière; point d'ex-
« tensions arbitraires aux adjonctions autorisées
« par l'ordonnance, et de nature à détruire l'effet
« d'une précaution dictée par une sage prévoyance.

« Sous celui des élections, ce que le roi veut,
« ses mandataires doivent le vouloir. Il n'y a point
« deux sortes d'intérêts dans l'État; et pour faire
« disparaître jusqu'à l'ombre des partis qui ne
« sauraient subsister sans menacer son exis-
« tence, il ne faut que des députés dont les in-
« tentions soient de marcher d'accord avec le
« roi, avec la Charte, avec la nation, dont les
« destinées reposent en quelque sorte dans leurs
« mains.

« Les députés (1) qui se sont constamment écar-

____

(1) La Chambre introuvable.

« tés de ces principes tutélaires ne sauraient donc
« être désignés par l'autorité locale, se prévaloir
« de son influence, obtenir une faveur qui tour-
« nerait au détriment de la chose publique.

« Point de grâce pour la malveillance qui se
« déclarerait par des actes ostensibles, qui af-
« ficherait de coupables espérances, qui croi-
« rait trouver dans un grand acte politique et
« de justice une occasion favorable de trouble et
« de désordre.

« ... Le roi ne veut aucune exagération ; il
« attend du choix des colléges électoraux des
« députés qui apportent à la nouvelle Chambre
« les principes de modération qui sont la règle
« de son gouvernement et de sa politique ; qui
« n'appartiennent à aucun parti, à aucune *société*
« *secrète ;* qui n'écoutent d'autres intérêts que
« ceux de l'État et du trône ; qui n'apportent au-
« cune arrière-pensée, et respectent avec fran-
« chise la Charte.... »

Dans ces instructions, le ministère Decazes signalait les manœuvres de la faction du pavillon
Marsan ; il engageait les électeurs à faire tous
leurs efforts pour écarter les amis insensés qui
« ébranleraient le trône en voulant le servir au-
« trement que le roi ne veut l'être ; qui, dans leur
« aveuglement, osent dicter des lois à la sagesse
« et prétendent gouverner pour lui. »

Le ministère ne devrait jamais intervenir dans

les élections ; c'est un de ces principes qui ne peut être sérieusement contesté. Mais, dans cette circonstance, il y avait pour la nation et pour le trône communauté de danger, d'intérêt et d'intention; il y avait conjuration patente, manifeste, contre les droits du prince régnant et la loi fondamentale de l'État. Le roi, en faisant un appel à la nation, avait pu lui faire connaître les motifs de cet appel, tout en respectant l'indépendance du droit d'élection.

Ces instructions, dont nous n'avons indiqué que les principales dispositions, étaient une réponse à l'appel fait à l'intervention des puissances étrangères par les conjurés du pavillon Marsan.

La faction de la contre-révolution ne s'y trompa point. Elle sentit la nécessité de se donner un puissant auxiliaire dans l'opinion, et on la vit invoquer à son tour l'autorité des principes constitutionnels; et c'est la constitution à la main qu'elle va tenter de renverser la constitution.

Les élections furent soumises au plus sévère examen ; on reconnut que leur validité était incontestable; mais de ce que les ministres avaient donné aux préfets les instructions que nous avons rapportées, on en conclut qu'ils avaient fait les élections, et M. de Châteaubriand, pour qui les rôles d'opposition ont toujours eu un irrésistible attrait, n'hésita point à soutenir celle du pavillon

Marsan de toute la puissance de son talent et de sa renommée.

Il attaqua les élections à la tribune de la Chambre des Pairs ; tout était notoirement inexact ou vague dans cet éloquent plaidoyer, qu'il termina sans aucune conclusion. « On a tenté « presque partout, disait-il, de violer la liberté « des suffrages (1) dans les dernières élections. « Les révolutionnaires ont été appelés contre les « royalistes au secours de la royauté (2); partout « au même moment on a tenu, contre la famille « royale (3), des propos dont il serait aisé de dé- « couvrir la source. La loi des cris séditieux (4) « n'a-t-elle été faite que contre les royalistes? les « lâches calomniateurs de nos princes et de leurs « vertus ont-ils le privilége de l'injure quand

______

(1) Partout; et le noble pair ne cite pas un seul fait à l'appui d'une accusation aussi grave; aucune plainte sérieuse ne s'est élevée contre une seule opération électorale. Jamais les intérêts de la nation et du trône ne furent mieux compris et mieux défendus que par les députés choisis par ces électeurs.

(2) Voilà une brillante antithèse, mais ce n'est qu'une figure de rhétorique démentie par les faits et par la raison.

(3) Il fallait, pour être juste et vrai, ajouter *excepté le roi;* dans la pensée même de l'orateur, il ne s'agit ici que des princes logés au pavillon Marsan.

(4) Nullement; les registres des cours prévôtales, des

« les victimes de la fidélité et de l'honneur n'ont
« pas celui de la plainte ?

« On a demandé quel était le but de ma propo-
« sition, puisque je reconnaissais que les élections
« étaient valides.

« Je ne conçois pas, moi, qu'on ait pu faire une
« pareille question. Parce que les élections sont
« valides, s'ensuit-il qu'on n'ait pas voulu les
« corrompre ?

« En matière criminelle, un homme est-il in-
« nocent parce qu'il n'a pas pu consommer le
« crime qu'il avait tenté de commettre ? Mais s'il y a
« eu commencement de crime politique, pouvais-
« je, comme pair de France, devenir accusateur ?
« Non, aussi n'ai-je pas demandé à la Cham-
« bre de porter une accusation contre tels ou
« tels individus, mais de présenter une humble
« ble adresse au roi, pour le supplier *de faire*
« *examiner ce qui s'était passé aux dernières*
« *élections, afin d'en ordonner ensuite selon sa*
« *justice.* »

---

cours d'assises, des tribunaux correctionnels, démentent
cette singulière assertion. De nombreuses et trop nombreuses condamnations à la prison, à la réclusion, à la
déportation, au bannissement, à la mort, ont été pro-
noncées, et on ne trouve parmi les condamnés que des
malheureux, que des hommes que la faction appelle *ré-*
volutionnaires.

L'orateur élude l'explication qui lui était demandée, en disant qu'il n'a entendu faire qu'une simple dénonciation à l'opinion publique.

La faction avait succombé dans le renouvellement intégral de la Chambre de 1816; elle fut plus heureuse dans le renouvellement annuel des cinquièmes, et fit rentrer successivement les coryphées de cette chambre introuvable, objet de ses regrets, et parvint ainsi à se faire cette majorité compacte, ces trois cents si dociles, si dévoués, qu'elle fit si généreusement récompenser, et qu'on retrouve encore dans les préfectures et dans les hauts grades de la magistrature, du conseil d'État et de l'armée.

En cumulant ainsi sur les mêmes têtes les éléments du pouvoir, la faction étendait la sphère de son influence et de ses succès; le dévouement tenait lieu de capacité, et nous voyions, il y a peu de jours encore, le même homme professeur, conseiller d'État, conseiller à la cour suprême et député.

L'inamovibilité promise par la Charte ne fut conférée qu'avec lenteur et après des épurations et des épreuves qui ne laissaient plus aucun doute sur la servilité absolue des magistrats. On se créa une recrue de conscrits juges sous le titre d'auditeurs, à la suite des cours et des tribunaux, et dont on peupla tous les parquets;

et c'est à ce noviciat ministériel que la faction, sans égard pour les droits acquis par les juges inférieurs et les notabilités du barreau, réserva toutes les places de la magistrature. L'inamovibilité n'était qu'un scandale de plus.

§ III.

1817 à 1825.

Un seul obstacle restait; le vieux roi tenait au ministère qu'il s'était choisi, et qui avait fait l'ordonnance du 5 septembre. Les journaux de la faction préparent l'opinion au grand coup d'État arrêté dans les assemblées du pavillon. Des bruits d'abdication furent adroitement répandus : le roi sortait plus rarement, ses infirmités ne lui permettaient pas d'assister au conseil; on s'étonnait qu'il ne s'y fît pas représenter par son frère ou son neveu, le duc d'Angoulême. Le roi et le comte d'Artois, lors du mariage du duc et de la duchesse d'Angoulême, s'étaient, ajoutait-on, engagés d'abdiquer tous deux en faveur des jeunes époux, dans le cas où la Providence les rétablirait sur le trône de France.

Ces bruits n'inspiraient qu'un bien faible intérêt ; la nation, menacée dans la jouissance des droits que lui avait laissés la Charte dite consti-

tutionnelle, ne donnait qu'une bien faible attention à ces débats de famille.

Tout à coup un procès politique, comme on
en voyait tant à cette époque, amena une étrange
révélation. Un prisonnier impliqué dans ce procès
fit une importante déclaration; il ne s'agissait rien
moins que de réaliser par la violence cette double abdication, et de se débarrasser de tous les
ministres.

Le duc d'Angoulême, à la tête de six mille
Suisses, devait s'emparer de Saint-Cloud lorsque
le conseil serait assemblé, forcer Louis XVIII
d'abdiquer en faveur de son frère, et dans le
cas où il refuserait, le déclarer déchu et le con-
duire à Vincennes. Tous les ministres devaient
être arrêtés et mis à mort.

Cette déclaration du prisonnier révélateur fut
consignée dans un mémoire dont quelques exemplaires seulement furent distribués; nous en pos-
sédons un que nous avons pu soustraire aux re-
cherches de la police; nous pourrions donner ici
les noms du haut fonctionnaire de l'ordre administratif qui le premier reçut cette confidence, et de
l'avocat rédacteur du mémoire.

Cette affaire se rattachait à celle qui fut ins-
truite contre les généraux Ch.., Can.. et M. Son..,
et qui resta impoursuivie : on en devine aisément
les motifs; on redoutait la publicité d'un débat devant un jury. Les journaux, alors affranchis de la

censure, étaient déjà une puissance; la congrégation avait des feuilles largement rétribuées, et
auxquelles une haute protection avait confié le
monopole de la calomnie.

Jamais la presse périodique n'avait été plus active et plus influente; une réformation salutaire
devait être le résultat de cette polémique. Un attentat affreux, imprévu, et dont la cause est encore un mystère impénétrable, vint changer cet
ordre de choses; les journaux constitutionnels
et la cause qu'ils défendaient n'avaient rien à
gagner à cette catastrophe; il en était tout autrement de la congrégation. Un seul membre de
la famille royale n'était pas sous l'influence de
cette faction, et le 13 février 1820, à onze heures
du soir, il fut assassiné.

La faction congréganiste s'empara de cet événement; elle fit dénoncer par un de ses affidés
le ministre qu'elle redoutait, comme complice
de cet assassinat. M. Clausel de Coussergue se
constitua son accusateur à la tribune de la Chambre élective; tout était absurde, invraisemblable
dans cette accusation. Le Drapeau blanc signala
le même ministre *comme chef des révolutionnaires*. Poursuivi en diffamation, le rédacteur
de cette feuille fut déclaré coupable, mais ne subit
qu'une condamnation de quelques jours de prison.

Les Tuileries retentirent des mêmes plaintes;
le vieux roi en était assourdi, il céda à des cla-

meurs importunes. M. Decazes donna sa démission, et le roi, pour protester autant qu'il était en lui contre la violence qui lui était faite, combla de nouvelles faveurs le ministre disgracié, et lui conféra le titre de duc.

La censure fut rétablie, et la loi des élections de 1817 abolie. Le nouveau ministère ne fut cependant pas composé selon le bon plaisir des conjurés du pavillon. M. de Richelieu eut la présidence. Les autres ministres n'étaient point repoussés par l'opinion ; mais fatigués des exigences de la faction, ils cédèrent de guerre lasse, et M. de Villèle, qui n'était connu que par une protestation contre la Charte et son opposition aux institutions constitutionnelles, fut appelé à la présidence du conseil. La congrégation vit bientôt s'agrandir son influence, et commença l'ère du ministère déplorable.

Un magistrat dévoué comme toute sa famille à la cause royale, à la dynastie des Bourbons, effrayé des progrès de la contre-révolution, osa dénoncer l'existence du gouvernement occulte ; cette révélation exigeait plus que du courage. La société du pavillon Marsan fut alarmée ; le magistrat citoyen avait des preuves certaines, irrécusables, du grand attentat qu'il dénonçait ; il eut long-temps à lutter contre tous les genres d'obstacles et de persécutions. Mandé à la barre de la cour suprême, il y subit une censure non méritée; toute la France applaudit à sa courageuse fermeté. Les électeurs l'ont vengé, il siège à la Chambre de 1830.

M. de Villèle fit successivement éliminer les ministres à qui il restait encore assez de pudeur pour ne pas être ses complices; il ne voulait que de dociles commis, sous un titre imposant et égal au sien. Directeur suprême de l'œuvre de la contre-révolution, il marchanda et acquit à prix d'or et d'emplois une majorité compacte, que la septennalité lui avait donnée.

Le but de la Sainte-Alliance était l'asservissement des peuples : quelques familles de rois s'étaient partagé l'Europe ; cette ligue nouvelle ne pouvait espérer aucun succès tant qu'il resterait une seule trace de gouvernement représentatif ; la France surtout était considérée *comme le foyer des idées révolutionnaires*. Les prétendus hommes d'État, sous la direction du *grand prevôt de l'Europe*, le vieux Meternick, regardaient les jésuites comme seuls capables de consommer ce grand œuvre, et la cour de France fut mise à la merci de la congrégation. Des engagements antérieurs liaient les Bourbons à la société ; les Bourbons régnaient; ils avaient des armées, des trésors. Des cris de liberté et d'indépendance s'étaient fait entendre au-delà des Pyrénées ; las de la stupide et sanguinaire tyrannie de Ferdinand, les libéraux espagnols avaient pour la seconde fois levé l'étendard de l'insurrection : une croisade fut décidée, le duc d'Angoulême en fut nommé chef, et une armée française marcha contre les populations armées pour la défense de leurs droits et de leur liberté, et parvint à rétablir sur un trône deux fois usurpé un roi ingrat et parjure. Ce fut un double triomphe pour les absolutistes que cette *victoire* si facile et si vantée; plus de doute que l'armée française ne fût tout-à-fait démoralisée au profit du fanatisme et du pouvoir absolu; on l'avait vue combattre pour l'asservissement d'un peuple étranger. Cette première épreuve avait réussi, il en restait une autre plus difficile et plus décisive.

Le héros du Trocadéro ne fut fêté qu'à la cour et dans les séminaires; la nation vit avec pitié la pompe tristement triomphale qui signala son retour dans la capitale. Le caractère national s'indignait de cette capucinade militaire. Des milliers de Français avaient péri par l'intempérie du climat, les maladies, et par le fer des défenseurs de la liberté espagnole; plus de deux cents millions avaient été dépensés, la cour du prêtre-roi s'en inquiétait peu. Son ministre des finances, avec ses trois cents automates législatifs, n'avait qu'à faire un signe, et le budget remplissait la lacune du trésor. D'autres conscrits allaient remplacer les soldats qui avaient péri dans cette guerre impie.

La puissance sacerdotale s'agrandissait chaque jour ; elle se voyait enfin affranchie de toute entrave ; Louis XVIII ne régnait plus ; il se survivait à lui-même : cloué sur un lit de douleur ; il avait abandonné les rênes du gouvernement, il n'était plus roi que de nom ; le pouvoir suprême siégeait au pavillon Marsan. Le ministre Villèle même fut entraîné au-delà des bornes qu'il s'était imposées pour sa propre sûreté ; jusqu'alors on ne lui avait demandé que de l'or, on lui demanda du sang. Cette influence du parti prêtre se fit surtout remarquer aux obsèques de Louis XVIII, qui avait tout fait pour satisfaire aux exigences de l'ultramontanisme; il avait constitué la France tributaire du saint-siége en rétablissant le honteux concordat de François Ier; il avait augmenté et le nombre et les revenus des prélats ; il avait placé sous l'autorité sacerdotale tous les établissements d'enseignement, renouvelé, multiplié, doté les séminaires ; il avait livré aux jésuites le Panthéon ; il leur avait remis le monopole de tous les emplois, de toute la magistrature ; il n'avait pas dépendu de lui qu'ils n'eussent le privilége exclusif de l'éducation publique et privée ; et le clergé n'assista point aux obsèques d'un prince qui l'avait rendu si riche et si puissant.

Il est vrai qu'on ne le voyait pas, comme son frère et son neveu, pratiquer les plus minutieuses momeries de la vie monacale, gravir pieds nus le Calvaire, chanter des psaumes, et jouer à la chapelle dans ses appartements.

La bigote coterie ne l'épargnait pas dans ses journaux ni dans ses conversations au pavillon Marsan ; dans les petits oratoires et dans les salons du noble faubourg, le bon ton était de faire des *gorges* chaudes de la Charte ; le vieux roi était un philosophe, un jacobin, le roi de la fédération et des *charretiers :* ce dernier mot avait fait fortune ; les courtisans attribuaient au génie d'un auguste personnage l'invention de ce délicieux calembour.

La censure avait été rétablie et perfectionnée, la presse était enchaînée. Pour appeler sur le nouveau règne quelque popularité, *la censure fut supprimée*, ou plutôt le mot disparut, et la chose resta. On s'attendait à un changement de ministère, ou du moins de ministres ; c'était le vœu de la France, l'intérêt bien entendu du nouveau roi. Les mêmes hommes restèrent au pouvoir, et bientôt l'insolence de la faction, qui, plus que jamais, dirigeait à son gré ce gouvernement de vieilles femmes, ne connut plus de bornes.

Le sacerdoce se plaça à la tête de l'ordre politique ; la Charte fut proscrite comme une hérésie dans les mandements et dans les chaires, dans les journaux de la congrégation, et dans les réquisitoires des organes du ministère public près les cours et les tribunaux. Un enfant, dont la légitimité est douteuse, avait été présenté comme l'héritier de la couronne, et il est, en sortant du berceau, livré aux jésuites.

On est arrivé au point de ne plus dissimuler l'affiliation à cette société proscrite par toutes les cours de justice et tous les souverains de l'Europe, et dont l'existence est à la fois et le plus honteux des scandales et le plus désastreux des fléaux. Les jésuites *de robe courte*, qui, pendant tant d'années, couvraient d'un voile mystérieux, impénétrable, leur initiation, la proclament hautement, et étalent avec une orgueilleuse complaisance les signes extérieurs de la congrégation. Des magistrats s'en parent même dans l'exercice de leurs fonctions.

Une loi inspirée par le génie infernal de l'inquisition, et tout-à-fait en opposition avec nos institutions, notre siècle et nos mœurs, est emportée d'assaut aux deux chambres par un favori de la congrégation. Les noms de loi du sacrilége et de Peyronnet semblent appartenir à un autre siècle et à un autre pays; elle ne souillera plus, il faut l'espérer, notre législation criminelle. Assuré de la majorité dans la chambre élective, le ministère Villèle ne garde plus de mesure; il marche à front découvert, la fraude et la corruption sont érigées en système de gouvernement.

Une tradition qu'on peut appeler constitutionnelle excluait les ecclésiastiques des fonctions publiques. Napoléon même, dans les jours de sa toute-puissance, avait respecté cet usage, devenu loi de l'État, par la sanction du temps : mais le nouveau clergé, non content de dominer dans le conseil privé du prince, réclame et obtient son admission dans la haute chambre.

Cette innovation étonna même les pairs les plus serviles ; le cardinal Latil entreprend de la justifier par une distinction toute jésuitique.

« Les pairs ecclésiastiques, dit-il à la tribune « de la chambre héréditaire, ont reconnu, après « les plus mûrs examens et toutes les vérifications « nécessaires, que si leur ministère et le vœu de « l'Église leur interdisent de voter comme juges « lorsqu'il s'agit des lois pénales (1), rien ne peut « ni ne doit les empêcher de concourir, comme « membres du corps législatif, à la formation « des lois sans exception, même de celles dites « pénales. C'est une obligation que leur impose « leur qualité de pairs ; ils sont dans l'intention « de la remplir. »

L'exclusion des ecclésiastiques des hautes fonctions publiques a été souvent mise en question dans les conseils mêmes des rois. Sous Henri IV, le président de Harlay avait été plus hardi ; il

---

(1) La Chambre des pairs discutait alors le projet de la loi du sacrilége.

avait proposé qu'aucun Français ne fût cardinal, ou qu'il perdît sa qualité de Français dès qu'il serait admis dans le sacré collége. Cette proposition ne fut écartée que par un scrupule du roi, nouveau catholique, et qui crut devoir ménager la cour de Rome. Louis XIV, que l'expérience de sa minorité avait éclairé sur l'influence funeste des prêtres dans le gouvernement, avait adopté pour maxime de sa politique de n'en admettre aucun dans son ministère.

Nous en trouvons la preuve dans les *Mémoires* du judicieux et véridique Saint-Simon.

« Les dépêches que le cardinal de Janson envoyait de Rome, où il demeura sept ans, plaisaient si fort à Louis XIV, qu'à son retour le monarque dit en plein conseil qu'il regardait comme un vrai malheur de ne pouvoir le faire ministre.

« Puisqu'il a le bonheur d'être estimé si capable par Votre Majesté, lui dit Torcy (1), pourquoi ne serait-il pas admis au ministère ? Le roi lui répondit : «Lorsqu'à la mort du cardinal Mazarin j'ai pris le timon des affaires, j'ai résolu, avec grande connaissance de cause, de ne faire jamais entrer aucun ecclésiastique dans mon conseil, et des cardinaux moins que les

---

(1) Ministre secrétaire d'État.

autres; je m'en suis bien trouvé, et je n'en changerai pas. Il est vrai que celui-ci a une capacité supérieure, et que je n'apréhenderais pas de lui les mêmes inconvénients que j'aurais à craindre des autres; mais ce serait un exemple que je ne veux pas donner.

« Cela n'empêche pas qu'en me confirmant dans la résolution de suivre la loi que je me suis imposée, je ne sois fâché qu'elle me force à éloigner un si digne sujet. »

Condamnés, par le vice de leur éducation, à une ignorance absolue des hommes et des choses, l'ex-roi et son fils s'environnaient de prêtres, ne prenaient pour conseillers, pour directeurs de leur conscience et de tous les actes de leur vie politique et privée que des prêtres, ou ne recevaient que de leurs mains les laïques auxquels ils confiaient l'exercice de leur autorité; et ils se vantaient de prendre pour modèle saint Louis, qui avait maintenu avec la plus courageuse persévérance les libertés politiques et religieuses, et Henri IV et Louis XIV. Ils n'avaient que les noms de leurs ancêtres, et ne savaient pas un mot de leur histoire. Il était facile à la faction dont ils étaient les instruments, et dont ils devaient être les victimes, d'abuser de leur crédulité; ils faisaient le mal en croyant ne remplir qu'un devoir.

Tout contribuait à les entretenir dans cette erreur funeste, à perpétuer leur enfance. Ils s'imaginaient que tout l'art de gouverner consistait dans un grand appareil de force militaire et la plus minutieuse observation des pratiques de la religion. Un autel et des baïonnettes, ils ne voyaient rien au-delà.

Qui ne se rappelle le jubilé, qui, sans doute, sera le dernier? Le bref du pape n'était qu'un scandaleux anachronisme; c'était la réimpression des furibondes déclamations de Boniface VIII et de Clément VII. Mais depuis cinq siècles, la raison publique avait fait d'immenses progrès; les rois seuls étaient restés stationnaires. Avec les préjugés et les superstitions du douzième siècle, Charles X et les siens ne pouvaient plus être que tout-à-fait étrangers aux opinions et aux mœurs des Français du dix-neuvième.

La population de Paris vit avec une tranquille indifférence les longues et nombreuses processions, cette nombreuse milice de vieux prêtres, de novices, traînant à sa suite la famille royale et les grands du royaume, des officiers prendre les ordres d'un séminariste et d'un bedeau.

On avait bien pressenti que les autorités, toutes corrompues qu'elles étaient, ne pousseraient pas la servilité jusqu'à l'oubli de tout sentiment de la dignité de leurs fonctions. On imagina l'inauguration du monument en mémoire de Louis XVI, pour les obliger à grossir le cortége : ce jour était le triomphe des jésuites, eux seuls avaient la di-

rection suprême de la solennité, eux seuls voulaient en avoir tout l'honneur et tout le profit.

Le sacerdoce ne pardonne jamais, il n'oublie
aucune injure. L'esprit de corps perpétue les plus
vieux ressentiments; la haine d'un prêtre résiste
à l'épreuve du temps, elle survit à son objet;
tout l'ordre est solidaire de chacun de ses membres. Le fougueux Brissac exhalait en présence
de Louis XIV son juste dépit contre un jésuite, il brûlait de se venger. « Gardez-vous-en
bien, lui dit le prince, dans cent ans les jésuites
feraient pendre un Brissac. »

Nous avons vu un autre exemple à l'occasion
de ce jubilé de 1826. Soixante-quatre ans s'é-
taient écoulés depuis l'expulsion des jésuites et
l'abolition de leur société en France, et les événements politiques qui se sont passés dans cet intervalle l'avaient agrandi de plus d'un siécle. L'édit
d'abolition avait été signé par Louis XV et con-
tre-signé par le ministre Choiseul; les jésuites
avaient placé un congréganiste dans l'église du
village où reposent les tombeaux de la famille Choiseul, et le nouveau curé fit mutiler leurs monuments funéraires. Le nom de Louis XV avait été
donné à une place de la capitale; une ordonnance
dictée par les jésuites et signée par Charles X subs-
titue à ce nom celui de Louis XVI; la statue dé
Louis XV est la seule qui n'a pu être relevée.

Le jubilé devint le signal et le prétexte de

nouvelles missions; partout les mandements des prélats, les sermons des prédicateurs prodiguent les injures et les outrages contre nos nouvelles institutions, et contre les maximes de notre droit public consacrées par la Charte. Partout ces mandements, ces séditieuses prédications des nouveaux ligueurs, excitent le trouble et l'indignation. Partout des magistrats dévoués à la congrégation protégent ces insolentes provocations à tous les genres de désordres. Dans plusieurs cités du premier ordre, des scènes tumultueuses alarment, agitent les populations; du haut de leurs chaires, au pied des autels, dans le secret du tribunal de la pénitence, dans les réunions nocturnes des initiés, les missionnaires donnent le conseil et le signal d'une guerre religieuse; Rouen, Lyon, Toulouse, Marseille, Bordeaux, Nancy, voient se renouveler les scandales de la ligue du seizième siècle.

Une guerre d'extermination était déjà déclarée aux écrivains constitutionnels et à la presse périodique. Le mot de charte n'est plus prononcé à la cour qu'avec l'accent du mépris et de l'aversion la plus prononcée. Le roi en a juré l'observation à Reims; mais instrument passif de la faction qui le dominait, il avait été relevé de ce serment : vainement on le lui rappelait dans les journaux constitutionnels et à la tribune des deux chambres; son confesseur Janson, son cardinal

Latil et tous les coryphées de la congrégation, lui répétaient point de Charte, ou point de salut dans l'autre vie, et ils l'entraînaient au Mont-Valérien ; le roi de France n'était plus qu'un humble pénitent, qu'un fanatique pèlerin se traînant, pieds nus, sur les rocailles du Calvaire.

L'héritier présomptif de la couronne, atteint de la même monomanie de dévotion puérile, la poitrine couverte d'un cilice, d'amulettes, de reliques, offrait un spectacle plus digne de pitié que de blâme. Les Bourbons, disait le maréchal de Richelieu, *ont toujours eu peur du diable....* ils n'ont pas changé.

§ IV.

Suite de 1826 à 1828.

On amuse les princes en les flattant, on les domine par la peur. A leur retour, les princes étaient environnés de tous les éléments de bonheur. « Ce n'est qu'un Français de plus, » avait dit le comte d'Artois en rentrant dans la capitale après vingt-cinq ans d'exil ; « plus de hallebardes, » avait-il répété en montant sur le trône. Ces éclairs de raison et de sensibilité ne devaient plus se renouveler. On l'effraya par des dangers imaginaires ; on lui donna pour garde, toute une armée ; ses châteaux, ses palais ressemblaient à des places en état de siége permanent. Des postes étaient

établis jusque dans l'intérieur de ses apparte-
ménts. Nous avons vu à la dernière procession du
vœu de Louis XIII, dans la rue de la Barillerie,
vis-à-vis la grille de la Cour des Comptes, la
duchesse d'Angoulême traverser cette rue pâle de
colère et d'effroi à l'aspect d'une pétition que
lui présentait un enfant à genoux, et qui s'était
glissé entre la double haie de soldats de la garde,
qui restait stationnaire en ligne serrée de chaque
côté de cette rue.

Au sein des grandeurs et des richesses, et lorsque tout devait leur inspirer la plus parfaite sécurité, leurs entours les tenaient dans des transes
perpétuelles.

Dans leurs chapelles, dans leurs salons, on
alarmait leur conscience et on tourmentait leur
frêle imagination par les contes les plus absurdes
et les plus sinistres. La plainte la plus légitime
leur était présentée comme le signal d'une sédition, et les trésors de l'État, toutes les faveurs du
pouvoir suprême étaient livrés sans réserve aux
ambitieux cafards qui les gouvernaient. Tout
était fraude et déception pour eux et autour d'eux.
Vainement quelques voix généreuses et désinté-
ressées osaient-elles tenter de les détromper; une
disgrâce soudaine enregistrée dans le *Moniteur*,
et commentée par les journaux de la faction, frappait bientôt l'avertisseur indiscret.

Les ministres ne conservaient leurs porte-feuilles qu'autant qu'ils convenaient aux meneurs du pavillon Marsan. Ainsi s'explique et l'établissement et la durée du long et désastreux ministère Villéle, et la chute si soudaine du ministère Martignac qui lui succéda.

Dans les cercles de la cour, il était du bon ton de ne parler de la Charte que comme d'une concession imposée par la violence et acceptée par la faiblesse. C'était une œuvre infernale, qu'il fallait détruire pièce à pièce, puisqu'on ne pouvait ou plutôt puisqu'on n'osait pas l'abolir d'un seul coup. On souriait de pitié aux propos des bonnes gens qui la comptaient pour quelque chose ; on portait plus loin ces graves arguments ; et attendu que le mot *vive la Charte* était le mot de ralliement des factieux, il fallait se hâter de le rayer du vocabulaire français.

- Le prince dont la piété courageuse consommerait ce grand dessein attirerait sur sa personne sacrée toutes les bénédictions, toutes les grâces du Très-Haut. Charles X était cet heureux prédestiné ; mais le serment de Reims.... La grande maxime des restrictions mentales le frappait d'une nullité radicale.

Ce serment avait été le sujet d'une vive discussion la veille du sacre. Le comte d'Artois était décidé à ne point le prêter ; comme roi de France il ne dépendait que de *Dieu* et de *son épée*. Il ne pouvait ni ne devait fidélité qu'aux commandements de Dieu et de sa sainte église ; en refusant, il ne croyait que remplir un devoir, qu'exercer un droit également incontestable... Son hésitation est à la fois une preuve de bonne foi et d'ignorance ; mais cette puissance qui domine toutes les pensées des princes, devant laquelle fléchissent les préjugés d'une éducation stupide, la peur, fit cesser cette incertitude qui faisait trembler toute la cour ; il fallut céder. Le serment prescrit par la Charte fut prononcé ; mais on espérait que cette Charte odieuse, impie, ne serait bientôt plus rien, et que les successeurs du nouveau roi pourraient se faire sacrer comme jadis.

Un roi méchant par caractère et despote par système est encore moins dangereux pour les peuples qui ont le malheur d'être soumis à ses caprices, qu'un roi honnête homme, mais faible et crédule, assujetti lui-même à toutes les exigences d'une faction qui, à l'ombre de son nom, croit pouvoir tout oser contre la nation qu'il gouverne et contre lui-même ; tels furent les derniers Valois et le dernier roi de la branche aînée des Bourbons.

Son prédécesseur était aussi dominé par la pensée qu'il ne régnait que par la grâce de Dieu ; mais il savait, dans l'intérêt même de son autorité, dont il s'exagérait l'étendue, faire le sacrifice de son opinion personnelle. Trop éclairé pour ne pas prévoir toutes les conséquences d'une obsti-

nation intempestive et le but secret de la faction
contre-révolutionnaire, il avait pris pour règle
de son gouvernement le système de Catherine de
Médicis. Il savait reculer à propos devant l'om-
nipotence de l'opinion.

Mais l'âge et les infirmités l'avaient forcé d'a-
bandonner le pouvoir plus d'un an avant qu'il
cessât de régner et de vivre ; ses ministres ne
prenaient plus d'ordres que de la *camarilla* du
pavillon Marsan, dont ils avaient peine à contenir les fureurs et les prétentions. Le président
du conseil ne songeait qu'à lui et aux siens; maître
du trésor, il dirigeait à son gré l'agiotage de la
Bourse, et il était parvenu à se créer une somme
colossale. Son exemple avait été contagieux pour
ses collègues ; leurs opinions changèrent avec
leurs intérêts : leur maintien au pouvoir était devenu pour eux une nécessité de position ; ils ne
furent plus que les instruments et les complices
de la faction qui les avait élevés, avec laquelle
et pour laquelle ils devaient régner ou périr.

Tant de haine s'était amassée contre eux; et
cette aversion ne se manifestait plus par des épi-
grammes, des satires, c'était le cri spontané,
unanime de toute une nation qui avait le sentiment de sa force et de sa dignité, et déterminée
à se faire justice elle-même, si elle ne l'obtenait
du prince crédule et malheureux dont le nom
se mêlait à tous les genres d'exactions et d'ou-

trages dont ses ministres seuls étaient coupables.

L'indignation publique confondait, dans les expressions de son juste ressentiment, et ces ministres perfides, et les lâches députés qui leur livraient toutes les fortunes, toutes les existences, toutes les libertés.

Ces désordres, ces abus révoltants, cette passive résignation d'une nation éclairée, fière, naguère libre et puissante, étonnaient toute l'Europe ; nos voisins d'outre - mer ne pouvaient concevoir une dégradation aussi soudaine, aussi générale. Le nom français n'était plus respecté ; il suffisait d'un mot d'un préfet, d'un procureur du roi, pour faire trembler toute une population ; et cet état de misère, de prostration politique et d'abjection servile, durait depuis quinze années.

Avec sept hommes dévoués dans chaque département, le gouvernement du roi était maître absolu. Nulle institution ne ralliait les familles ni les cités ; nulle relation de service public ne rapprochait les individus ; trente millions d'hommes parqués isolément ne pouvaient opposer aucune résistance sérieuse ; le rétablissement de la garde nationale dans la crise de 1814 avait été maintenu ; c'était un moyen de communication entre les citoyens de la même commune ; la faction ne pouvait la laisser subsister : elle lui imposa d'abord des chefs de son choix ; elle fut ensuite licenciée presque partout, désorganisée sur tous les points. Restait encore celle de la capitale; elle avait rendu, elle pouvait rendre encore d'éminents services; elle présentait seule une garantie pour la sûreté des personnes et des propriétés.

Sous prétexte d'affranchir ces généreux citoyens d'un service trop pénible et trop répété, et de leur permettre de donner plus de temps et de soins à leur industrie, on diminua leur nombre; on ne leur confia que des postes sans impotance.

Mais la faction n'était pas satisfaite; il fallait que cette institution plus ancienne que la monarchie elle-même perdît jusqu'à son nom.

Ce nom était proscrit dans les cercles du pavillon Marsan; on appelait cette milice civique *la fédération*, comme on appelait la révolution *la révolte*.

Le plan des conjurés, arrêté dès le premier jour que le comte d'Artois fut arrivé en deçà de nos frontières, a été suivi avec une imperturbable persévérance. Tout se liait dans ce plan; on s'arrêtait devant un obstacle reconnu insurmontable par des circonstances imprévues, mais toujours accidentelles; mais on ne reculait pas. L'attaque n'était qu'ajournée.

L'ancienne armée avait été licenciée, mais une grande partie était entrée dans les nouveaux cadres; il fallait attendre, pour en être maître, qu'officiers et soldats, tous eussent été renouvelés. Ce plan, énoncé en termes clairs et précis dans la proclamation de *Monsieur* aux Vendéens, avait enfin reçu son entière exécution.

Assuré de l'armée ainsi *régénérée*, la faction ne songea plus qu'à consommer l'anéantissement de cette *garde nationale* parisienne dont l'intervention, dans un moment décisif, pourrait compromettre tout ce qu'on pouvait attendre d'une armée *dévouée* et *fidèle*.

Le roi était-il dans la confidence du projet? Un mot, la plus légère indiscrétion pouvait compromettre le succès. On ne pouvait lui supposer une volonté; il suffisait d'entretenir les terreurs salutaires dont on l'obsédait. Il suffisait de l'effrayer sur l'existence d'une armée de quarante mille *fédérés armés*, qui n'avaient point d'ordres à recevoir de ses généraux; on était sûr de lui faire tout approuver après coup.

Ce prince avait toujours été très-vain et très-peureux; mais une chasse, une messe, une partie de wisk, lui faisait oublier qu'il devait avoir du courage et une volonté.

Le droit de se garder elles-mêmes se trouvait consigné dans toutes les chartes des municipalités de France; c'était un droit de cité, dont l'ancienneté et la légitimité ne pouvaient être contestées que par l'ignorance et la mauvaise foi. Toutes les villes de France en ont joui sans interruption depuis l'affranchissement des communes. Il a été reconnu par trente-quatre capitulations d'Henri IV avec autant de villes après la ligue. Ce point de droit et de fait est démontré avec la plus irrésistible évidence par l'auteur de l'*Histoire des Communes de France*, publiée en 1828.

L'assemblée constituante, en organisant les gardes nationales, n'avait donc point établi un droit nouveau ; elle n'avait fait que reconnaître et régulariser d'une manière uniforme, pour toute la France, une institution ancienne, qu'elle avait trouvée en pleine activité dans la presque totalité des villes de France, et existant de droit dans chacune d'elles sans exception.

Elle n'avait été que suspendue depuis par le gouvernement impérial, qui s'était hâté de la rétablir au moment du danger commun.

Depuis la restauration elle avait rendu d'éminents et continuels services. Le roi, les princes, à leur retour, n'avaient pas eu d'autres gardes. Aussi Louis XVIII, qui avait le sentiment des convenances, avait-il ordonné que chaque année, le jour anniversaire de son entrée à Paris (le 3 mai), la garde nationale de Paris ferait seule le service des Tuileries.

Le jour seul avait été changé depuis l'avénement de son successeur, qui était entré à Paris le 12 avril, et la garde nationale avait fait ce service périodique en 1827, et le 16 du même mois, un ordre du jour de monsieur le commandant général de cette garde avait annoncé que le roi avait été très-satisfait.

Cet ordre du jour est ainsi conçu :

« Le roi ayant annoncé à la parade du 16 de ce mois que, *pour donner une preuve de sa bienveillance et de sa satisfaction à la garde nationale de Paris*, il avait l'intention de passer en revue les treize légions de cette garde, le maréchal commandant en chef avait pris les ordres de Sa Majesté, et prescrit en conséquence les dispositions suivantes :

« La garde nationale de Paris s'assemblera le 29 avril, à une heure, au Champ-de-Mars, etc. »

Cette revue fut favorisée par un temps superbe; plus de deux cent mille personnes couvraient les talus du Champ-de-Mars ; les treize légions de la garde nationale étaient rangées en ligne de chaque côté de cette vaste enceinte, ayant en tête leur musique et leurs tambours ; le roi fut salué par de vives acclamations; Les cris *vive le roi ! vive la Charte !* couvraient les cris, *à bas les ministres ! à bas les jésuites !* qu'on pouvait à peine distinguer à de rares intervalles. Ce n'était qu'une exception presque inaperçue.

Le roi passa la revue, et fut partout parfaitement accueilli; il parut très-content. Quelques bonnes âmes cependant avaient signalé à son attention les cris bien rares, *à bas les ministres!* Le

roi adressa à chaque légion des paroles bien-
veillantes.

En rentrant aux Tuileries, il dit aux maré-
chaux : « Cela aurait pu mieux se passer, mais
« au total je suis satisfait ; » il chargea en
même temps le maréchal commandant en chef
d'annoncer à la garde nationale toute sa satisfaction. L'ordre du jour qui lui fut présenté obtint
son approbation, et fut immédiatement porté au
bureau du *Moniteur*, pour paraître le lendemain 30.

Mais quelques heures après tout était changé ;
et au lieu de cet ordre du jour auquel tout le
monde s'attendait, on mit dans le journal officiel
une ordonnance de licenciement, et les gazettes
ministérielles répétèrent un petit conte arrangé
pour la circonstance. Au lieu de ces paroles bien-
veillantes que des milliers de témoins avaient en-
tendues et qu'ils avaient répétées, on faisait dire
au roi : *Je suis venu recevoir des hommages et non
des conseils ;* propos qu'on lui prête bien gratuite-
ment, et qui n'était ni vrai ni vraisemblable ; il était
au-dessus de la portée du bonhomme, qui n'avait
pas pu entendre les cris si rares et si grêles d'*à bas
les ministres ;* car toute la France a appris depuis,
par un avis donné à Potier, dans la dernière re-
présentation donnée à la cour, que le roi était
sourd, si j'ose le dire.

Cependant rien n'avait été négligé pour lui

faire, la veille de cette revue, une belle peur. Le parc d'artillerie avait été transporté à l'École Militaire; les chevaux du train étaient tout harnachés; les mèches allumées; des régiments de la garde étaient postés au bois de Boulogne, dans les cours des Invalides et ailleurs. Au premier signal le Champ-de-Mars pouvait être cerné par une armée. On avait fait prendre les armes aux Suisses, et même aux compagnies de vétérans, et sans doute on n'avait pas manqué de rappeler tous ces préparatifs et leur cause au roi lui-même, quand on l'entendit donner son approbation au projet d'ordre du jour présenté par le maréchal commandant la garde nationale de Paris.

Quelques légions, en passant devant l'hôtel du garde des sceaux Peyronnet, et devant celui du ministre des finances Villèle, auraient crié *à bas Peyronnet! à bas Villèle!* On l'a prétendu du moins; mais rien n'atteste que ces cris, qui d'ailleurs n'exprimaient que le vœu général de la France, soient partis des rangs de la garde nationale. Il est plus vraisemblable qu'ils avaient été proférés par les groupes nombreux qui couvraient alors la rue de Rivoli et la place Vendôme.

On peut croire aussi que la congrégation avait lancé ses émissaires pour profiter de cette circonstance. Il est du moins certain que, depuis plusieurs mois, on disait tout haut, dans les cer-

cles de la cour et du faubourg Saint-Germain,
que les ministres n'attendaient qu'un prétexte
pour licencier *la fédération* (1).

Cette ordonnance de licenciement était à la fois
un acte de colère et d'ineptie ; elle portait le
cachet d'une brutalité toute ministérielle. Il avait
été facile de faire croire au plus probe, mais au
plus stupide des princes, tout ce qu'on voulait,
et au premier signe de ses conseillers intimes, il
laissa tomber sa signature au bas de l'ordonnance ;
il aurait de même attaché son nom à *l'honorable
ordre du jour* du maréchal commandant en chef
la garde nationale, qu'on lui faisait à deux heures
de distance féliciter et licencier.

Le diplomate de l'absolutisme, M. Demoustier,
s'était empressé de complimenter le roi sur ce
grand acte de vigueur.

« Ah! Sire, lui dit-il, voilà ce qui s'appelle
« gouverner ! encore deux ou trois opérations
« semblables et Votre Majesté est roi de France.
« C'est ainsi que Bonaparte gouvernait ; il ne
« faut pour cela que des baïonnettes et vouloir ;
« j'ose assurer Votre Majesté que pas un de ces
« bourgeois n'osera remuer, et cependant cette
« mesure les a blessés dans l'endroit le plus sen-
« sible, le bonnet à poil et les guêtres. »

---

(1) Mot convenu à la Cour et dans toutes les coteries
de la congrégation pour désigner la garde nationale.

Il est vrai que le roi modèle, le bon, le loyal Ferdinand d'Espagne, n'aurait pas mieux fait.

M. Demoustier était une des plus fortes têtes du pavillon Marsan; M. de Vitrolles lui-même s'abaissait devant l'ex-ambassadeur; s'il n'avait tenu qu'à lui, le régime absolu aurait été improvisé d'un seul jet.

Son excellence s'étonnait et s'indignait même que la liste civile existât; le roi n'était-il pas le maître du trésor? « Un empereur d'Autriche, « disait-il au bonhomme Charles, un roi d'An- « gleterre peuvent être pensionnaires de leurs « États; mais un roi de France, jamais. Un roi « de France ne saurait coûter trop pour repré- « senter dignement. »

M. de Vitrolles osa hasarder cette brève objection.

« Mais les Chambres? »

M. Demoustier, toujours prêt à la réplique, répond : « Les Chambres ! il faut les dissoudre ; « l'une se compose d'un ramas de séditieux qu'il « est urgent de *chasser*, l'autre méconnaît ses « devoirs. »

La Chambre des pairs avait eu l'impertinence de refuser son vote à cette loi destructive de la liberté de la presse que M. Peyronnet appelait *sa loi de justice et d'amour*, et dont les notabilités du pavillon Marsan et de la congrégation lui avaient fait compliment.

L'auteur de cette merveilleuse loi l'avait défendue avec un courage et une audace imperturbables ; il n'a pas été obligé de faire de grands frais d'éloquence à la Chambre des députés : les trois cents étaient là.

Les fidèles clôturiers pressèrent le terme des débats, et la loi de justice et d'amour avait été enlevée d'assaut. On s'attendait à plus de résistance à la Chambre haute ; et pour assurer le succès, le ministère avait appelé l'arrière-ban de la pairie. Le résultat du scrutin fut un coup de foudre ; le beau projet de loi fut rejeté.

§ V.

Suite de 1827 à 1828.

La garde civique protectrice des personnes et des propriétés n'existait plus ; on triomphait au pavillon Marsan ; l'échec de la loi de justice et d'amour n'avait pas abattu le courage des nobles conjurés ; l'armée avait subi enfin cette épuration si désirée en 1814, et promise par l'adresse du comte d'Artois aux Vendéens, auxquels il n'a jamais su parler que de très-loin.

Il fallait, par une dernière épreuve, s'assurer si l'armée était *fidèle et dévouée.* La garde royale et la gendarmerie avaient fait leurs preuves dans la journée du 20 juin ; mais il fallait agir en grand, et avant de faire marcher toute l'armée sur toute la population de la France, on crut devoir tenter une dernière expérience à Paris.

La nouvelle du rejet de *la loi de justice et d'amour* avait été reçue avec transport; les nouvelles élections de Paris avaient répondu aux vœux des constitutionnels ; les Parisiens improvisèrent une fête de famille. Les maisons furent spontanément illuminées; des groupes nombreux, mais tout-à-fait inoffensifs, répétaient les cris de *vive la Charte !*

Tout aurait été terminé dans la première soirée et sans le moindre désordre ; les citoyens seuls prenaient part à ces réjouissances qu'ils avaient improvisées. La police s'empara de cette circonstance pour *tâter* la garde royale et les troupes de la garnison. On n'avait nul doute sur la gendarmerie très-royale de Paris ; son chef, le fameux *empoigneur*, en répondait.

Le pavillon Marsan ne pouvait concevoir son échec à la chambre des pairs ; la majorité avait paru douteuse, mais *la fournée* de soixante-seize que M. de Villèle venait de lancer dans cette Chambre semblait rendre tout échec impossible. M. de Villèle, si habile calculateur, n'avait pu se tromper. Réussir avec une supériorité numérique et imposante était la chose du monde la plus facile ; le ministère n'avait qu'à vouloir (1).

____

(1) Voyez, à la fin du volume, la liste des 76 nouveaux pairs de la création de M. de Villèle.

Vingt-un évêques ou archevêques, le beau-frère , le parent , le banquier associé de M. de Villèle , deux cents Pairs salariés et auxquels on venait de livrer deux millions de dotation : et succomber après un plan de campagne aussi habilement combiné, il y avait de quoi démonter les plus fortes têtes.

Le ministère avait eu aussi son *Waterloo*. MM. de Villèle et Peyronnet perdirent beaucoup de la confiance et de la haute considération dont les honoraient la société du pavillon et les salons du noble faubourg. M. de Vitroles se pâmait de joie, d'espérance; il croyait enfin toucher au moment heureux où il allait cesser d'être ministre *in partibus;* il croyait recevoir ce porte-feuille qu'il ambitionnait et qu'il avait si bien mérité par ses longs et brillants services. L'absolutiste Demoustier attendait chaque jour le petit cadeau d'usage de quarante mille francs pour ses frais de premier établissement à l'hôtel des affaires étrangères, et il projetait une épuration complète dans le personnel des ambassades , des légations , des consulats et des vice-consulats; il faisait table rase. La rivalité de M. de Polignac lui causait bien quelque inquiétude ; mais *l'enfant chéri* ne pouvait-il pas avoir la présidence du conseil, sans porte-feuille.

Tandis que les petites ambitions du pavillon bâtissaient des châteaux en Espagne et s'abandonnaient à de séduisantes espérances, les ministres en pied méditaient un coup décisif, qui les vengerait à la fois de la *canaille* qui les avait insultés, et leur assurerait la soumission de la capitale.

Qu'importait de verser le sang ignoble de quelques centaines de boutiquiers, pourvu qu'ils conservassent leurs porte-feuilles si enviés.

MM. Franchet et Delavau reçurent l'ordre d'organiser sur-le-champ une émeute, mais sur un plan plus large que celle du 20 juin et autres. Le succès passa leurs espérances, et, dès le lendemain, toutes les bandes à la solde ou dans la dépendance de la police, bien repues et armées de torches de paroisses, parcoururent la rue Saint-Denis, les boulevards, la rue Saint-Honoré et toutes les rues voisines, en criant *vive la Charte ! vive Lafitte ! vive Lafayette ! vive Napoléon II !*

On se promettait merveilles de cet amalgame bizarre d'acclamations; mais les boutiquiers qu'on voulait entraîner, les ouvriers eurent bientôt reconnu dans ces bandes les marchands de chansons et tous les *banquistes* ambulants qui relèvent de la police, et ne vinrent point grossir leurs rangs.

D'autres agents dressèrent des barricades ; ils étaient bien sûrs de n'être pas inquiétés dans leur travail ; ils construisaient tranquillement

leur petit fort improvisé sous les yeux de la gendarmerie, des troupes et des inspecteurs de police; ils répétaient les acclamations séditieuses avec
la plus parfaite sécurité.

Ils concentrèrent leurs opérations dans la rue
Saint-Denis, la plus populeuse peut-être et la plus
fréquentée de Paris. Le jour, tout se passait assez
tranquillement ; l'affreux drame ne commença
qu'avec la nuit : les acteurs principaux en-
trèrent en scène ; on lança des pierres sur la
gendarmerie et la troupe ; les charges commen-
cèrent, et des citoyens paisibles reçurent la mort
dans leur maison ou dans les rues où ils se trouvaient surpris, ou qu'ils ne faisaient que traverser en sortant de leurs ateliers, ou pour leurs affaires personnelles. Ces massacres se renouve-
lèrent pendant trois jours ou plutôt trois nuits.
L'or et les boissons enivrantes avaient été prodigués aux régiments.

Un cri d'indignation et d'horreur contre cette
nouvelle Saint-Barthélemy s'éleva de tous les
points de la France. Les plaintes des familles
des victimes retentirent à la tribune des deux
Chambres, et l'autorité des magistrats et des lois
fut invoquée contre les auteurs de cet épouvantable attentat.

La mise en accusation des ministres était le vœu,
le cri de toute la France. Cet acte d'accusation
fut rédigé par le courageux et vénérable Labey

de Pompières; mais les accusés parvinrent à paralyser les efforts des généreux défenseurs des lois; un ajournement leur tint lieu d'absolution.

Le pavillon fut un instant effrayé de l'irritation générale des citoyens de toutes les classes; et dans l'intérêt des accusés et de la cause même, qu'ils avaient compromise par un *excès de zèle*, il fallut les déterminer à disparaître au moins pour quelque temps de la scène politique, en leur ouvrant un honorable asile à la pairie, à la suite de la grande fournée de M. de Villèle.

C'était aussi par excès de zèle que MM. Delavau et Franchet avaient organisé, dirigé les opérations : on exigea d'eux qu'ils disparussent aussi du conseil d'État, et qu'ils abandonnassent, l'un la direction générale de la police du royaume, l'autre la préfecture de police de Paris. Leur résignation était de nécessité et ne devait pas rester sans récompense.

Ce fut encore par une nécessité de position, que les conjurés du pavillon Marsan ajournèrent l'exécution de leurs plans. On se hasarda de sonder l'opinion sur M. de Polignac, dont l'apparition au ministère devait être le signal du grand coup d'État qui devait sauver l'autel et le trône.

On lui fit lire à la Chambre des pairs une belle amplification dans le sens constitutionnel; personne ne crut à la conversion patriotique *du fils chéri;* il lui fallut reprendre encore la route de Calais.

Après beaucoup d'incertitude, de tâtonnements, de desseins malheureux, d'humiliants refus, il fallut bien se risquer à choisir un ministère selon l'opinion, sauf à le compromettre et à le renverser à la première occasion, pour établir enfin un dernier et heureux ministère, qui puisse consommer, *coûte que coûte*, l'œuvre de la contre-révolution.

Depuis le dernier voyage du vieux Méternick en France, la société du pavillon n'avait vu qu'un seul prince étranger, digne de ses plus chères affections, et qui fût resté fidèle aux bonnes traditions de gouvernement; ce fut D. Miguel.

Il ne resta que huit jours à Paris; on regretta beaucoup qu'il n'y fût pas venu dans le temps des processions et de la chasse. Il se montra à quelques-uns de nos spectacles profanes : un seul convenait à ses goûts, et il partit sans avoir vu le combat du taureau, qui l'aurait bien autrement amusé que l'Opéra. Il ne bougea pas de la cour, et il se crut encore à Vienne; mais les bons repas, les bons avis ne lui manquèrent point : on garnit son petit trésor, on lui ouvrit un crédit illimité; il a profité avec un égal succès et de l'or et des conseils de notre cour.

Il arriva à Lisbonne dans les meilleures dispositions. Le duc d'Angoulême, son père, et tous les familiers du pavillon, allaient partout répétant que D. Miguel était, dans leur âme et conscience, le roi légitime de Portugal ; il n'y a que lui et son cousin d'Espagne qui s'entendent encore à gouverner, et à rendre heureux les peuples sur lesquels ils règnent, par la grâce de Dieu.

La Chambre qui avait créé le ministère déplorable était dissoute ; ce ministère devait tomber avec elle ; et si les conjurés du pavillon l'ont abandonné, c'est qu'il ne pouvait plus rien pour eux. Ils reculaient devant un coup d'État, qui devait tout terminer.

On délibérait depuis long-temps dans les petits appartements sur ce coup d'État décisif. Le plan fut enfin arrêté. La majorité compacte des trois cents coûtait beaucoup ; on ne l'avait achetée qu'à prix d'or : quelques députés étaient pensionnés à mille écus par mois ; on n'en avait pas eu à moins de mille francs. Cet argent pouvait être mieux employé.

Le clergé dominait toutes les parties de l'administration. Les préfets étaient aux pieds des évêques, un colonel tremblait devant un aumônier, et les maires des petites communes prenaient les ordres des curés. Avec cela, une armée et des gendarmes, on pouvait tout oser. Les masses, qui tiennent au gouvernement représentatif sans le connaître, conserveraient les élections ; mais les électeurs seraient choisis par le préfet. Ils constitueraient une corporation nouvelle. Ces électeurs seraient inamovibles.

Ce chef-d'œuvre de haute législation politique, approuvé par la *camarilla*, avait été agité dans le conseil des ministres. Le triumvirat Villèle, Peyronnet et Corbière recula devant les conséquences de ce beau projet, et force fut aux conjurés du pavillon d'attendre un temps plus opportun et des ministres moins timides et plus dévoués.

§ VI.

De 1828 à 1830.

Le nouveau ministère fut choisi parmi les hommes que l'opinion publique ne repoussait point. Quelques-uns étaient recommandables par leurs antécédents. M. Portalis fut appelé à la justice, M. Martignac à l'intérieur, M. Roy aux finances, M. La Ferronais aux affaires étrangères. Le duc d'Angoulême s'était réservé le ministère de la guerre. M. de Caux ne fut qu'un premier commis sous le titre de secrétaire d'État à ce département. M. de Saint-Cricq fut chargé du commerce et des colonies, sous le simple titre de président d'un conseil créé pour cette partie importante de l'administration publique. Le ministère de l'instruction publique fut distrait de celui des affaires ecclésiastiques.

Le ministère déchu avait été le plus long depuis la restauration. Ceux qui l'avaient précédé n'avaient pu rester au pouvoir plus d'une année ; car on en compte huit de 1814 à 1822. Presque tous ces ministres ont passé à la pairie avec des pensions considérables. On croyait que par pudeur Charles X, ou, pour mieux dire, la faction qui gouvernait en son nom, ne signalerait par aucune faveur le triumvirat Villèle, Corbière et Peyronnet, qui se trouvait sous le coup d'une accusation portée par la France entière.

C'est un fait incontestable, et qui n'a pas besoin d'être démontré, que les nouveaux députés avaient reçu des colléges électoraux le mandat formel de traduire les ministres aux assises des deux chambres ; que la grande majorité des députés avait pris l'engagement formel et spontané de remplir ce mandat avant de voter le budget.

Mais, habitués à braver toutes les convenances et la censure de l'opinion publique, les conjurés du pavillon Marsan ne voulurent pas qu'il pût s'élever le moindre doute sur la cause du renvoi de ces ministres. Ils voulurent manifester hautement que ce renvoi avait été imposé par la nécessité ; que ces ministres, accusés des plus grands attentats par toute la France, n'avaient agi que par l'ordre du Roi, et qu'ils conservaient encore toute sa confiance.

L'expression solennelle des regrets du prince

fut consacrée par deux ordonnances datées du même jour que celle qui avait appelé leurs successeurs. MM. Villèle, Peyronnet, Damas, Clermont-Tonnerre et Corbière, furent nommés ministres d'État et membres du conseil privé. MM. Villèle, Corbière et Peyronnet, contre lesquels l'indignation publique s'était prononcée avec le plus d'énergie, furent élevés à la pairie, et reçurent de nouvelles pensions.

Ainsi, chaque année le budget des dépenses s'accroissait de cette cumulation de pensions si largement octroyées à des ministres, à des sous-ministres renvoyés. Jamais, à aucune époque de notre histoire, le trésor public n'avait été livré à une aussi dispendieuse, aussi scandaleuse dilapidation.

Depuis 1822 jusqu'en 1827, c'est-à-dire pendant les six années qu'a duré le ministère déplorable, la France, épuisée par les contributions énormes qu'elle avait payées aux puissances étrangères, par tous les genres d'entraves qui gênaient le développement de l'industrie, de l'agriculture et du commerce, avait payé au plus inepte, au plus cupide des gouvernements, plus de sept milliards, sans y comprendre le milliard d'indemnité des émigrés; et ce ministère déplorable a laissé un déficit de plus de deux cents millions, qu'il faudra bien payer.

Les causes secrètes de tant de dépenses seront connues, et le nouveau gouvernement ne cou-

vrira pas d'un voile officieux cet abîme d'ini-
quités. On saura enfin s'il est vrai que l'or de la
France payait les frais de l'occupation du royaume
de Naples par les armées autrichiennes, et de
cette guerre impie que font à leurs malheureux
sujets les rois de Portugal et d'Espagne. On saura
d'où sont sortis les fonds employés à l'établissement, aux dotations de tant de couvents d'hommes
et de femmes, de tant de grands et de petits séminaires, et à la solde de ces compagnies de verdets,
de chevaliers de Marie-Thérèse, organisées dans
le midi de la France, et de ces chefs de bandes
qu'on faisait venir à grands frais à Paris pour
les coups de main.

Le clergé avait une grande part dans les dépenses secrètes, et les chefs cumulaient sans
pudeur plusieurs traitements considérables.

Entré au pouvoir avec une chambre constitutionnelle, le nouveau ministère paraissait résolu
à marcher avec la Charte et l'opinion.

Il voulut remplir les promesses du discours de la couronne : une loi sur la presse périodique l'affranchit du préalable de l'autorisation royale; quelques améliorations furent faites
aux élections.

Ce ministère, entravé dans toutes ses opérations par les exigences du pavillon Marsan, que
le duc d'Angoulême représentait dans le conseil
des ministres, ne marchait qu'avec une extrême

lenteur. Ne pouvant faire le bien, il bornait ses efforts à empêcher le mal ; il restait stationnaire malgré lui.

M. de La Féronnais saisit la première occasion qui se présenta pour sortir d'une position qui n'était plus tenable ; quelques porte-feuilles changèrent de main ; on attendait de la complaisance de ce ministère si timide qu'il accepterait l'homme de la congrégation ; les ministres offrirent leur démission. On chercha en dehors du ministère actuel des gens moins timorés ; mais les fonctionnaires qui se respectaient, et qui attachaient quelque importance à l'estime publique, refusaient , dès que le nom de Polignac était prononcé.

Jusque-là, la faction du pavillon Marsan avait, moins par conviction que par nécessité, évité de compromettre la dignité royale par des choix honteux. On avait eu soin de ne point admettre dans les chefs de la haute administration et dans les conseils du roi, des hommes tarés, et dont le nom est une injure, dont la réputation était fondée sur des actes de servilité, de bassesse, et même de crimes flétris par l'opinion ; mais, pour arriver à leur but, les conjurés n'avaient plus le choix des moyens.

Charles X laissait faire, et pourvu que rien ne troublât ses habitudes ordinaires, il croyait que tout allait en France le mieux du monde ; et quand il avait déjeûné à son heure, entendu ou dit sa messe, tué à bout portant quelques centaines de bêtes qu'on amenait en troupeau à ses pieds, que son dîner avait été copieux et délicat, et qu'il avait fait sa partie de wisk avec madame de Berry, que son chevalier Ménard lui amenait à huit heures et qu'il ramenait chez elle à dix, il allait faire sa prière et se coucher pour recommencer la même vie le lendemain. Ses pélerinages au mont Valérien variaient de temps en temps ce régime.

Son fils chéri était de toutes ses parties de plaisir et de dévotion. A la nouvelle de la moindre opposition à ses ordonnances, le bonhomme s'irritait, mettait son chapeau de travers, et menaçait de prendre son inoffensive épée et de monter à cheval; et tout le monde d'applaudir à son refrain ordinaire : *Je ne cèderai pas.*

Le lendemain, on lisait dans *la Gazette*, dans *la Quotidienne*, dans *le Drapeau Blanc :* Le roi a dit : *Je ne cèderai pas.*

Malheur au pays où les prêtres peuvent s'immiscer dans l'administration; depuis le règne de Charles X, intérieur, finances, diplomatie, enseignement, guerre même, ils dirigeaient tout. Le gouvernement était essentiellement théocratique; ils avaient envahi tous les pouvoirs; l'administration n'était plus qu'un inextricable chaos, le sacerdoce avait tout bouleversé.

La France offrait l'étonnant spectacle d'une nation paisible soumise aux lois, au milieu de tous les éléments de désordre, et suivant la voie de toutes les améliorations, malgré les fautes, les bévues, la marche rétrograde d'un gouvernement inepte et bigot.

Charles X et son fils assistaient aux conseils des ministres sans rien comprendre aux questions les plus faciles, sans concevoir tous les dangers de la position dans laquelle les plaçaient des conseillers sans talents, sans vertus, sans prévoyance. La société du pavillon décidait tout, dirigeait tout, et Charles X ignorait tout, et signait machinalement les ordonnances qu'on lui présentait.

Le nouveau ministère n'avait pu, malgré son obséquieuse docilité, trouver grâce auprès des chefs de la cabale de l'absolutisme. Le renvoi de ce ministère Martignac était résolu par *le conseil d'en haut*, les successeurs nommés, que le roi n'en avait pas le moindre soupçon.

Le 7 août, MM. Martignac, Portalis et leurs collègues avaient quitté le roi fort satisfait; il les avait accueillis avec la même bienveillance, et le lendemain ils n'étaient plus ministres.

Les noms de Polignac, de Bourmont, révélés par le *Moniteur*, apprirent à la France étonnée que le contrat qui l'unissait à la famille régnante était rompu, que l'existence politique de cette branche des Bourbons était incompatible avec nos institutions.

La Chambre élective avait exprimé dans une humble adresse les vœux et les craintes de la France, et la Chambre fut dissoute. M. de Belleyme, qui, dans la plus difficile, la plus importante des magistratures municipales, avait fait tant de bien en si peu de temps, offrit et fit accepter sa démission. On lui avait donné pour successeur M. Mangin, qu'il suffit de nommer.

Le nouveau préfet de police et les nouveaux ministres ne se dissimulaient pas qu'ils étaient repoussés par l'opinion, et ils n'osaient pas se montrer; on eut beaucoup de peine à déterminer les officiers à rendre à M. de Bourmont les visites d'usage.

La faction se trouva dans un grand embarras pour la procession du 15 août, appelée le vœu de Louis XIII. Le dévot Charles X tenait beaucoup à cette cérémonie; le temps était superbe; il n'y avait pas moyen de l'empêcher d'y assister: on trouva bien un prétexte pour en dispenser les ministres. Mais l'absence du préfet de police ne pouvait admettre d'excuses. Charles X ne serait pas cru en sûreté dans sa bonne ville de Paris s'il n'avait pas vu ce magistrat près de lui.

M. de Belleyme, qui n'exerçait plus cette fonction, voulut bien céder aux sollicitations du roi, et parut à la place de son successeur. Cette circonstance aurait suffi pour désabuser tout autre prince, et l'éclairer sur les mauvais choix qu'on lui avait fait faire : le bonhomme ne vit rien de tout cela. Aucune acclamation ne se fit entendre; mais la leçon des rois ne produisit aucun effet sur ce prince ni sur son fils, que la foule regardait en pitié, et qui se dandinait niaisement en chantant les psaumes (1).

Avec un ministère tel qu'elle l'avait fait, tel qu'elle le désirait depuis long-temps, la faction crut pouvoir tout oser. Une guerre d'extermination fut déclarée à la presse périodique. Le *Courrier des Tribunaux* n'avait à enregistrer que des jugements, des arrêts de condamnation contre les écrivains constitutionnels ; il suivait avec le même courage la même ligne, et professait les mêmes doctrines en attendant pour lui-même l'honneur d'une condamnation directe. Les amendes, les emprisonnements n'arrêtèrent point ces intrépides défenseurs des libertés publiques et des lois chaque jour violées avec une insolence toujours croissante; la Chambre élective avait fait

---

(1) Cette procession avait été fondée par Louis XIII, qui avait mis son royaume sous la protection de la Vierge, en mémoire de l'extirpation de l'hérésie : ce sont les termes de la déclaration de cet autre prince dévot pour l'établissement de cette procession que nous ne verrons plus.

entendre le vœu de la France indignée de tant d'outrages; elle avait été dissoute. La crainte perçait à travers les menaces furibondes des conjurés ; ils n'avaient qu'une chance de succès possible, c'était d'abolir d'un même coup la presse périodique et la Charte : il ne fallait pas se borner à proroger la Chambre, à la dissoudre, à poursuivre à outrance devant les tribunaux les associations qui se formaient partout pour résister au paiement des impôts qui n'auraient pas été légalement votés ; puisque la faction risquait le tout pour le tout, il ne fallait pas laisser organiser ces associations, il était plus sûr de les prévenir.

Il était possible, il était vraisemblable même que ce coup d'État frappé à l'improviste eût obtenu un succès au moins momentané; mais la peur ne raisonne pas, et la résistance, au lieu d'être partielle, fût générale. Le grand coup fut tenté enfin, mais il n'était plus temps; une Chambre nouvelle avait été convoquée, et la France électorale continua ses suffrages à ces 221 mandataires, que la faction avait si brutalement licenciés.

La France tout entière se retrouvait en présence de la faction; une partie des assemblées électorales avait été prorogée. Les cours appelées à prononcer sur les fraudes des préfets se trouvèrent partagées d'opinions; mais la faction n'obtint même à la cour suprême, où elle comptait de dociles partisans, qu'un demi-succès.

Le jour des épreuves approchait; la faction fit répéter par ses gazettes que le ministère ne reculerait pas devant les Chambres. Les députés, les pairs avaient reçu leur lettre de convocation; le discours de la couronne était prêt; on croyait que Charles X, poussé par ses perfides ministres sur le bord de l'abîme, en avait aperçu la profondeur. Les mêmes journaux ajoutaient avec une hypocrite assurance qu'un ministère constitutionnel était formé; on donnait les noms de ces nouveaux ministres; ils appartenaient aux notabilités constitutionnelles et présentaient les plus honorables garanties pour le retour de l'ordre légal.

Quelques journaux constitutionnels avaient répété les mêmes assertions; cependant la Bourse du 24 avait éprouvé un grand mouvement dans les rentes ou plutôt dans le jeu des rentes; mais cet incident n'avait surpris personne. Qui pouvait se douter que les ventes considérables qui avaient eu lieu ce jour-là étaient causées par les ministres spéculateurs qui avaient le secret du grand événement qui devait éclater le surlendemain?

L'opinion flottait incertaine au milieu de tant de bruits contradictoires, mais il y avait plus d'espérance que de crainte.

Invoquant le souvenir de ses succès, la faction

s'imaginait que l'exemple récent des massacres de la rue Saint-Denis empêcherait toute résistance sérieuse, et que le seul appareil des forces réunies dans les casernes de Paris et aux environs suffirait pour contenir l'indignation de l'immense population de la capitale ; elle n'avait pas prévu que la fermeture spontanée des imprimeries, des manufactures, laisserait sans travail et sans pain plus de cent mille ouvriers ; elle n'avait pas calculé ce que pouvait le désespoir d'un peuple courageux, fier et jaloux de sa liberté.

A peine les fameuses ordonnances étaient-elles connues, à peine le *Moniteur*, premier dépositaire de cet acte de fureur et d'ineptie, avait paru, que toute la population se répand dans les rues et dans les places publiques.

Le National, d'autres journaux, bravant l'insolente menace des ordonnances (1), font le premier appel au courage des citoyens et donnent le signal de la résistance légale.

---

(1) Le texte des ordonnances et du rapport sont à la fin du volume.

§ VII.

25 juillet.

L'HOMME le moins éclairé, sans nulle instruction, l'homme du peuple qui juge de tout par les seules inspirations de sa conscience et du bon sens, ne peut, sans sourire de pitié, soutenir la lecture du fameux rapport qui précède les ordonnances du 25 juillet.

Pour qui l'a vu sans prévention, cet autre vieil enfant, le duc d'Angoulême était l'idiotisme personnifié. Ce regard terne et fixe, cette allure vague, cette démarche dégingandée, tout annonçait dans ce prince le type du bigotisme et de la stupidité.

Deux mots composent toute la théorie de la domination des jésuites, *enfer* et *paradis*. Ils exaltent, ils infiltrent la démence dans les êtres faibles que l'ignorance et la faiblesse mentale livrent à leurs insinuations. Depuis long-temps ils s'étaient emparés du comte d'Artois et de son fils aîné. Le plus jeune, sans être plus instruit que son frère, avait un caractère prononcé, fixe, un jugement sain et du courage ; il avait échappé aux piéges des prêtres ; il avait conservé tous les préjugés d'une éducation vicieuse, telle que la reçoivent tous les princes ; l'attrait du plaisir l'entraînait, et il avait seul échappé aux écarts, au délire du fanatisme religieux.

Il est mort sous le fer d'un assassin ; il était le seul obstacle au succès de la conjuration depuis long-temps tramée contre les progrès de la civilisation, et pour le rétablissement de l'absolutisme politique et religieux. On ignore encore qui a dirigé les mains de l'assassin, mais on sait qui avait intérêt à la mort de la victime.

Charles X, depuis son retour inespéré en France, avait une cour, un conseil à lui ; il était dans un état permanent d'obsession ; il ne conservait avec son frère que des rapports de convenance. Tant que vécut Louis XVIII, la contre-révolution, devenue l'idée fixe de la société du pavillon Marsan, n'était qu'une absurde théorie ; mais depuis la mort du duc de Berry, elle avait pris une consistance réelle : cet événement fatal avait hâté la décrépitude physique et morale du vieux roi.

Depuis cette époque, il n'en conservait que le titre ; le gouvernement de fait siégeait au pavillon. Le jésuite Janson était roi de France ; la congrégation se partageait tous les emplois, toutes les charges, et le trésor public fut à sa merci ; elle disposa des armées. Le duc d'Angoulème est son lieutenant ; il ira au-delà des Pyrénées briser la constitution des Cortès à la tête de cinquante mille soldats, et contraindre les Espagnols de subir les fureurs et la tyrannie d'un prince ingrat, parjure et sanguinaire. Les trésors et les armées de la France sont aux ordres de tous les oppresseurs des nations. Les rois de Sardaigne, de Naples, le féroce usurpateur de Lisbonne, consommèrent la ruine et l'asservissement des Piémontais, des Napolitains, des Espagnols et des Portugais. Plus de ressource, plus d'asile pour les défenseurs des peuples. L'Europe va retomber dans la barbarie du moyen âge, si l'on peut étouffer la liberté dans son berceau.

L'œuvre est consommée à tout jamais, si la France subit le joug de l'absolutisme : engagés par le serment de leur initiation, jésuites, et jésuites dévoués comme le plus humble des frères, ils feront tout pour servir la conjuration sainte, ils croiront que leur salut est à ce prix, ils laisseront faire.

Ainsi nous avons vu la faction ultramontaine suivre et développer son plan, prêcher la doctrine du droit divin, la royauté absolue, confisquer la royauté au profit du sacerdoce ; le double but était atteint, mais les masses résistaient. Des essais faits à Paris, à Nantes, dans les principales villes du midi et du centre de la France, avaient prouvé que les masses disparaissent et se prosternent devant les baïonnettes.

Le coup d'État projeté avait pour but l'abolition de la Charte, pour moyens d'exécution et pour garantie de succès, les baïonnettes des régiments de ligne, de la garde royale, et l'artillerie de Vincennes.

Le saint zèle de Charles X et de son fils ne restaient pas sans récompense. Le père changeait contre une calotte de cardinal la couronne royale qu'il cédait à son bien-aimé fils.

Il fallait un préambule aux ordonnances d'abolition. Le duc d'Angoulême avait reçu de ses supérieurs religieux un faiseur plein de zèle et de talent ; M. de Chantelauze venait d'entrer au conseil et de prendre les sceaux des mains du bonhomme Courvoisier, espèce de demi-dévot qui avait livré à la congrégation ses enfants, mais non pas sa conscience.

Le coup d'État médité dans les conférences du pavillon Marsan n'était plus un mystère. Des pairs de France, d'anciens ministres, de vieux royalistes qui avaient suivi les princes dans leur exil et combattu pour eux dans la Vendée, tentèrent souvent, mais toujours en vain, d'éclairer Charles X ; il ne pouvait plus les comprendre, et ne savait que répondre : *Je ne céderai pas.*

Arrive le moment décisif ; la Providence veille

encore sur le malheureux vieillard ; il paraît frappé par un éclair de raison : les ordonnances sont là et n'attendent que sa signature, il n'y a qu'un instant que la voix de son confesseur Janson frappait encore ses oreilles : Plus de Charte ou point de salut. Le duc d'Angoulême répète avec toute l'exaltation du fanatisme les paroles si puissantes du révérend.

Charles X est là, immobile, muet....., se couvrant le visage de ses deux mains. Au nom du ciel, de la religion, du salut de son âme, son fils le presse ; le vieillard découvre sa figure, sa main saisit la plume que lui présente humblement le ministre Chantelauze ; les trois signatures sont tombées sur les fatales feuilles, et sont bientôt suivies de celles de tous les membres du conseil.

L'heure des vêpres a sonné, et Charles X se traîne à son prie-dieu sans songer à ce qu'il vient de faire ; il ne voit qu'un ciel serein, sans nuage, et la foudre va briser son trône.

La faction n'avait point considéré les signatures royales comme un obstacle; elle savait bien que Charles X n'avait point de volonté: aussi tout avait été disposé d'avance.

On s'attendait à des murmures, à des cris, à quelque résistance peut-être : cette résistance n'effrayait point; on avait même pris des mesures pour la provoquer. Il fallait bien un prétexte aux *rigueurs salutaires* , au grand exemple de justice qui devaient être le prélude de l'événement.

Une cour martiale était organisée ; l'ordonnance qui réglait ses expéditives attributions et le choix de ceux qui devaient les exécuter, était toute prête ; les listes de proscription étaient toutes faites ; des *précautions* étaient prises contre le prince chef de l'autre branche de la dynastie.

Dans la soirée du 25, on amusa beaucoup le vieux roi de l'agréable surprise qu'il avait préparée aux Parisiens pour le lendemain ; la mystification était complète, délicieuse.

§ VIII.

Révolution de juillet 1830.

Trois jours de l'histoire de France.

26 juillet.

Dès le matin, une circulaire de M. Mangin, portée par des gendarmes à tous les imprimeurs des journaux, leur défendit de livrer leurs presses aux diverses entreprises de feuilles périodiques, sous peine de saisie et de destruction de ces presses, et d'amende. Tous les journaux (trois exceptés) se résignent à obéir aux ordonnances, et dès le jour même demandent l'autorisation prescrite par ces ordonnances.

Cependant *le National* et d'autres journaux s'empressent de publier une seconde édition de la feuille du jour, de joindre à cette protestation le texte des ordonnances, et d'opposer la force à la force.

Des milliers d'exemplaires sont immédiatement imprimés et livrés au public, et distribués à la Bourse. Nous nous bornerons à transcrire l'article du *National*.

Supplément au National du 26 juillet.

« Le ministère du 8 août n'a pas cru devoir
« se présenter au jugement des Chambres; il
« veut s'en tenir au jugement des colléges élec-
« toraux. Il a reconnu qu'il était impossible qu'il
« ne succombât pas devant les lois. Il vient de
« renverser toutes les lois que la France avait
« appris à pratiquer, à respecter, à chérir depuis
« quinze ans.

« Les trois ordonnances qui suivent (1) parais-
« sent dans le *Moniteur* en même temps que notre
« feuille de ce jour. Elles n'ont pas besoin de
« commentaire. Elles prouveront la sincérité des
« sermens d'attachement à la légalité, à la
« Charte, aux institutions, et qui depuis un an
« ont été opposés par les hommes du pouvoir aux

______

(1) Voyez à la fin du volume.

« cris d'alarmes que nous arrachait une trop
« juste prévoyance (1).

« La France rentre dans une carrière dont elle
« se croyait heureusement sortie depuis quinze
« ans; elle retombe en révolution par le fait
« même du pouvoir. Jetée malgré elle hors des
« voies de la légalité, elle est menacée de n'y
« plus rentrer que par des tempêtes.

« C'est une consolation au moins pour la France
« de pouvoir se dire qu'elle n'a point commis de
« faute; qu'elle n'a motivé en rien, par sa con-
« duite depuis un an, les tyranniques mesures
« qui viennent d'être adoptées contre elle. La
« justice, c'est-à-dire l'observation des lois, est
« de son côté : elle puisera dans ce sentiment le
« courage nécessaire pour persévérer dans la dé-
« fense de son droit.

« Le ministère avait demandé une Chambre
« au pays; cette Chambre a été nommée libre-
« ment et régulièrement. Elle exprimait les opi-
« nions de la France; elle devait être convoquée
« au 3 août prochain : elle seule pouvait accor-
« der le budget de 1831.

---

(1) Les jugements de condamnation prononcés contre
les propriétaires, rédacteurs et imprimeurs de journaux,
qui avaient publié les statuts de l'association bretonne,
étaient motivés sur ce que la supposition que le gouvernement établirait l'impôt sans le concours des Chambres
était un délit de diffamation.

« Ce qui reste à faire à la France, c'est de re-
« fuser l'impôt..... La Chambre, aujourd'hui
« brisée, a fait son devoir ; les électeurs ont rem-
« pli le leur. La presse, qui désormais ne pourra
« plus ouvertement servir la cause de la liberté,
« a fait aussi tout ce que l'on devait attendre
« d'elle. C'est aux contribuables maintenant à
« seconder la cause des lois. L'avenir est remis à
« l'énergie individuelle des citoyens. »

Des groupes d'ouvriers de tout genre, des citoyens, etc., circulaient dans toutes les rues. La
foule encombrait la Bourse ; les agents de change
ne pouvaient vaquer aux opérations ; les rentes
descendaient à la baisse avec une effrayante ra-
pidité. Les exemplaires des suppléments des journaux restés fidèles à l'opposition constitutionnelle,
étaient recherchés, enlevés, lus avec une extrême
avidité.

Ces articles, le texte des ordonnances et du
long rapport qui les précède, étaient lus à haute
voix dans les cafés, dans les cabinets de lecture.

Le même jour, des commissaires de police et
des gendarmes se présentèrent pour saisir et briser les presses des journaux qui avaient paru, sans
autorisation.

Avant de commencer le récit de cette bataille
de trois jours, qui a donné la liberté à la France

et immortalisé l'héroïque population de Paris, hâtons-nous de citer deux faits qui honorent la magistrature civile et consulaire.

Une ordonnance de référé de M. de Belleyme, premier président du tribunal civil de première instance, déclare que les ordonnances du 25 juillet, n'ayant pas été publiées au Bulletin des lois, n'étaient pas obligatoires pour les citoyens.

M. Ganneron présidait, le même jour, 27, l'audience du tribunal de commerce. Le tribunal décida, à l'unanimité, que les ordonnances étaient illégales, et condamna M. Gautier-Laguionie à imprimer, sans délai, le *Courrier Français*, sous peine d'une forte amende pour chaque jour de retard.

Partout apparaissaient les symptômes d'une résistance plus effrayante et plus décisive. La garde nationale était licenciée depuis deux ans ; les membres des autorités étaient les élus du pouvoir ministériel. Les citoyens, offensés dans leurs droits politiques, dans leurs propriétés, n'avaient pas de chef et nul point de ralliement, pas d'armes ; et dans toutes les rues, sur toutes les places, circulaient des patrouilles nombreuses de troupe de ligne, de gendarmerie, et des régiments d'infanterie et de cavalerie de la garde royale. Des ouvriers, d'anciens militaires, des étudiants, une foule de jeunes citoyens, demandaient des armes, et ils n'en voyaient que dans les mains des soldats et des cavaliers réunis et dirigés contre la population.

Cependant quelques citoyens armés parurent le soir; des magasins d'armuriers avaient été forcés et vidés : le mouvement de résistance se préparait, sans espérance de succès, pour des citoyens que leur isolement rendait plus faibles encore.

Toute la garnison, la garde royale, la gendarmerie traversèrent en nombreux détachements la ville dans toutes les directions.

Des élèves de l'École polytechnique avaient été au nom de leurs camarades offrir leurs services aux députés présents. Il fut décidé que l'on ne se montrerait qu'après la protestation de ceux des 221 qui se trouvaient à Paris, contre les ordonnances.

Les élèves rentrèrent à l'École. Cependant on entendait sur divers points des coups de fusil; on combattait déjà. Il était dix heures du soir. Ils veulent sortir pour voler à la défense des citoyens; mais où se rallier? comment se faire reconnaître? Ils pouvaient être victimes de ceux-là même qu'ils voulaient défendre, et qui auraient pu se méprendre sur leurs intentions. Il fut convenu que l'on attendrait au lendemain; et à quatre heures et demie, ils sortirent tous en armes et en colonne. Mais bientôt les premiers groupes d'ouvriers qu'ils rencontrent les prient de se mettre à leur tête. Ils se dispersèrent ainsi ; chaque élève prit le commandement de ces groupes nombreux, qui n'avaient point d'armes, et qui bientôt s'en procurèrent en attaquant les postes. Beaucoup furent blessés ou périrent avant qu'on eût pu se précipiter sur les hommes des postes.

L'attaque avait été combinée, la résistance n'avait pu l'être. Toutes les chances de succès étaient pour les troupes aux ordres du ministère. Quelques victimes avaient succombé le 26. La journée du 27 devait être terrible. Dans la soirée du 26, pendant la nuit, et le matin du 27, les réverbères ont été brisés : cette nuit, qui précédait le jour qui devait éclairer un long et meurtrier combat entre les défenseurs de la liberté et l'armée du ministère, les ténèbres couvrirent la capitale agitée ; mais ses valeureux habitants se disposaient, avec le courage du désespoir, à opposer la force à la force.

27 juillet.

Tous les postes de l'intérieur sont successivement enlevés ; des détachements de citoyens armés circulent dans toutes les directions ; tous les magasins, tous les ateliers sont fermés ; les rues sont dépavées ; toutes les voitures qui circulaient sont arrêtées et renversées ; les matériaux des maisons en construction, les échafaudages sont entassés dans les rues ; toutes les issues sont défendues par ces redoutes improvisées ; on monte à tous les étages, des pavés, des pierres, du bois ; les toits sont découverts et les tuiles mises en tas ; on fait des amas de cendres, de bouteilles : jeunes gens, femmes, enfants, vieillards, tout se réunit, tout rivalise de zèle et de courage pour la commune défense.

Un parc d'artillerie est expédié de Vincennes et dirigé sur le bois de Boulogne, où le maréchal Marmont, nommé gouverneur de Paris, et commandant sous le Dauphin de tous les régiments de la ligne et de la garde, a réuni l'armée royale.

Cette armée conserve sa ligne et ses communications libres jusqu'au Louvre, où les Suisses sont cantonnés et protégés par des pièces d'artillerie ; d'autres sont en réserve sur le Carrousel, devenu place d'armes des assaillants.

Marmont reçoit les ordres du Dauphin ; Paris est déclaré en état de siége ; on l'apprend par des transfuges. L'ordonnance du maréchal commandant n'a pu être connue que par ses troupes : cette nouvelle ne cause à Paris ni surprise ni découragement.

Les fleurs de lis, les insignes de la royauté, sont effacés, enlevés ou détruits.

Au milieu de ces sinistres symptômes, le sang des citoyens armés pour la défense de leurs droits, le sang des soldats égarés a coulé; une lutte plus épouvantable et plus meurtrière se prépare, et les auteurs de ces scènes de douleur et d'effroi rêvent la certitude d'un déplorable triomphe.

Une brillante illumination éclairait l'intérieur de l'hôtel du ministère des affaires étrangères : tout annonçait une fête extraordinaire. La foule qui circulait sur le boulevard de la Madeleine s'ouvre pour laisser le passage à trois voitures armoiriées, débouchant de la rue Neuve-des-Petits-Champs et remontant le boulevard. Tous les yeux se fixent sur ces équipages, et les suivent dans leur course rapide.

Elle les voit s'arrêter devant l'hôtel habité par M. de Polignac. Les portes s'ouvrent pour les laisser entrer et se referment brusquement. Mais on a pu apercevoir dans la cour un détachement considérable de gendarmes. Bientôt un bataillon se range en bataille devant l'hôtel, qui est encore protégé par deux pièces de canon. Une fête au milieu de la consternation générale ! Les têtes s'exaltent, et bientôt une grêle de cailloux a brisé les vitres. De nombreuses patrouilles se succèdent; la foule lance des pierres; des gendarmes, des citoyens sont blessés.

C'est ce mouvement qui a donné lieu au bruit partout répandu que M. de Polignac avait été arrêté et même tué, et que sa voiture avait été mise en pièces.

Mieux informé depuis, le public a su que ce

prince de fraîche date s'était furtivement échappé par une porte de derrière, et avait été en toute hâte rejoindre ses collègues, qu'il a bientôt abandonnés, pour s'occuper de sa sûreté. On a dit depuis qu'il avait déjà franchi les frontières, et qu'il avait été vu à Bruxelles. Ce ne peut être qu'un faux bruit pour faire perdre la trace de sa fuite, et le soustraire aux investigations des magistrats.

Des commissaires de police soutenus de nombreux détachements avaient été apposer les scellés sur les presses des journaux constitutionnels, ou fait circuler une liste des journaux autorisés : *le Drapeau Blanc*, la *Gazette de France*, l'inévitable *Moniteur*, *l'Écho de Paris*, *la Quotidienne*, le *Messager des Chambres*, etc. On ne trouve sur cette liste privilégiée aucun journal de l'opposition.

Cependant quelques-uns paraissaient en placards (1). Le *Journal de Paris*, celui du *Commerce*, les *Débats*, le *Courrier des Tribunaux*, etc., ne paraissent pas.

L'absence de ces feuilles irrite, inquiète. Les bruits les plus exagérés, les plus sinistres circulent.

Des bataillons de ligne traversent Paris dans toutes les directions ; on rencontre à chaque pas,

---

(1) *Le National, le Temps, le Globe, etc.*

dans les quartiers des Tuileries et du Louvre, et sur les boulevards intérieurs, d'autres détachements de la garde royale; toutes les boutiques, tous les magasins sont fermés, les ateliers déserts; le jardin du Palais-Royal, le Louvre et presque tous les passages sont également fermés; une partie du peuple est déjà armée; les imprimeurs ont pris l'initiative de l'attaque.

La nuit ramène le calme, qui n'est qu'apparent : un ordre de M. Mangin avait ordonné l'ouverture des théâtres; mais on n'y aperçoit que quelques personnes qui avaient voulu utiliser des billets donnés, ou quelques curieux qui cherchaient des nouvelles et disparaissaient promptement.

Les députés qui se trouvent à Paris se sont réunis chez M. Lafitte; une protestation est convenue et se couvre des signatures de tous les députés présents. La publication de cet acte devait être le signal de l'insurrection; mais déjà on avait résisté, déjà le sang avait coulé avant la délibération.

28 juillet.

Quatorze mille hommes de la garde royale, un parc d'artillerie, étaient réunis au bois de Boulogne sous les ordres de Marmont. Les Tuileries, le Louvre étaient transformés en places fortes, et avaient une garnison nombreuse; les gendarmes d'élite , les gardes-du-corps , les Suisses de la rue de Babylone étaient sous les armes dans leurs casernes.

De nouvelles barricades sont improvisées dans les rues ; toute la population se divise en tirailleurs. A neuf heures du matin, le combat s'engage sur plusieurs points ; le feu de la mousqueterie et du canon se fait entendre de toutes parts.

Les élèves de l'École polytechnique étaient sortis en colonne ; mais bientôt ils cèdent aux sollicitations des citoyens du faubourg Saint-Marceau , les divisent par pelotons, et se mettent à leur tête ; tous les corps-de-garde sont enlevés, et les armes de la gendarmerie et des soldats des postes ont passé dans les mains des citoyens.

A onze heures, des régiments de la garde royale , les Suisses et l'artillerie entrent à Paris au pas de charge ; ils se divisent en trois colonnes et se dirigent sur le quai du Louvre, les boulevards et la rue Saint-Honoré.

Cette colonne ne pénètre qu'avec peine dans la rue ; les patriotes armés s'embusquent dans les maisons ; on entend partout ces cris : *vive la liberté! vive la Charte! à bas les armes.* La troupe, forcée de marcher en rangs serrés, est bientôt assaillie de pierres, de bouteilles, de tuiles lancées des croisées; elle riposte par des décharges de mousqueterie et à mitrailles. Les patriotes sans armes se réfugient dans les rues adjacentes; les autres, protégés par les barricades, ou postés dans l'intérieur des maisons, ripostent au feu de la garde, qui ne peut manœuvrer: assaillie de toute part, elle rompt ses rangs; aucun point de retraite ne lui est ouvert; la rue est jonchée de morts, de mourants et de blessés; de jeunes patriotes, sans autre vêtement que leur chemise et un pantalon, s'élancent dans la mêlée et s'emparent des armes de ceux qui sont tombés.

La colonne qui avait suivi les quais n'éprouva pas moins d'obstacles dans sa marche. Des coups de fusil, tirés de l'intérieur des maisons ou derrière les parapets, font tomber des cavaliers et des soldats; parvenue à l'entrée de la place de Grève, elle se range en bataille. Les patriotes, toujours guerroyant en tirailleurs, s'embusquent derrière les parapets, dans les maisons et dans les rues qui aboutissent à cette place, qui bientôt ne présente plus qu'un massif de chevaux, d'hommes et d'armes. Les lanciers, les Suisses, la gendarmerie font un feu terrible; les patriotes, isolés, sans chef, ripostent avec une héroïque intrépidité: tout devient armes dans leurs mains, les haches, les pierres, les bouteilles, les bûches: la place est couverte de cadavres. Les débris de cette colonne se replient en désordre; à chaque pas, des coups de fusil tirés de l'intérieur des maisons, des projectiles lancés par les croisées, rendent sa retraite aussi meurtrière que l'attaque. Des renforts, partis de la place du Carrousel, renouvellent l'attaque ; l'Hôtel-de-Ville est pris et repris trois fois.

Une forte colonne, partie de la rive gauche, s'avance sur le nouveau pont ; elle ne peut pénétrer qu'à l'arceau du milieu, qui soutient l'extrémité des chaines ; elle est forcée de se replier dans le plus grand désordre et avec une perte considérable. Enfin la garde royale est pour la dernière fois chassée de ses postes ; l'Hôtel-de-Ville est emporté d'assaut par les patriotes, et le drapeau tricolore flotte au-dessus de l'horloge.

Les patriotes, sans organisation, sans plan, sans chef, et presque sans aucune expérience militaire, ne pouvaient combattre qu'en tirailleurs ; il fallut tout l'ascendant qu'avaient pris sur cette brave jeunesse les élèves de l'École polytechnique et quelques militaires, pour les empêcher de se précipiter en masse sur les régiments de la garde sur les boulevards, où les bataillons, les escadrons et l'artillerie auraient pu facilement opérer tous leurs mouvements.

Les patriotes, éparpillés partout, harcelaient les troupes royales dans leur marche ; et ils reprenaient tous leurs avantages dans les rues.

Une nombreuse colonne d'infanterie, précédée des cuirassiers, avait suivi la ligne des boulevards du nord, et pénétré dans la rue Saint-Antoine. Arrêtés par les barricades, par le feu meurtrier des tirailleurs, et par une grêle de pierres, de bûches, de tuiles, de bouteilles et de vases, de meubles lancés de toutes les croisées, ils n'avançaient qu'avec une extrême lenteur, et les rangs s'éclaircissaient à chaque pas. Parvenus à la place Baudoyer, ils furent écrasés ; les toits avaient été découverts, et une grêle de tuiles, de pierres, de bouteilles, des nuages de cendres, les écrasaient de toutes parts ; resserrés dans cet étroit passage, ils ne pouvaient ni avancer ni reculer ; toute cette longue rue était jonchée d'hommes et de chevaux morts, mourants et blessés : des citoyens succombèrent aussi dans cette lutte terrible.

Les Halles, la rue Saint-Martin et Saint-Denis, les rues des Prouvaires, de la Monnaie et Saint-Honoré, étaient le théâtre d'autres combats aussi opiniâtres et aussi meurtriers. Quelques patriotes, postés sur le haut de la Porte Saint-Martin, faisaient un feu continuel sur la cavalerie de la garde et la gendarmerie, qui occupaient tout l'espace. Quinze hommes, embusqués à la barricade élevée à l'embranchement des rues du Ponceau et Saint-Martin, tinrent en échec ce nombreux corps de cavalerie, qui fut forcé de battre en retraite, après avoir perdu beaucoup de monde.

On combattait partout avec la même intrépidité; car toute la partie de la rive droite de
la Seine, entre le fleuve et les boulevards, et sur
tous les points de cette vaste enceinte, n'était qu'un
vaste champ de bataille.

Les Suisses, embusqués dans le Louvre, faisaient
un feu continuel à toutes les issues de ce palais,
et des pièces de canon pointées à chacune des
grilles, vomissaient la mitraille sur le pont des
Arts, la place Saint-Germain-l'Auxerrois et la rue
du Coq; ils ne cessèrent leur feu qu'à une heure
du matin.

Beaucoup d'armes conquises dans les combats
et dans tous les postes; et la plupart des casernes,
avaient augmenté le courage et l'espoir des insurgés; les régiments de la garde royale s'étaient re-
pliés sur le Louvre, les Tuileries et les Champs-
Élysées. Ils avaient conservé toute cette ligne et
leur communication avec les autres régiments
encore intacts et le parc d'artillerie établi au bois
de Boulogne; mais les citoyens étaient maîtres de
l'intérieur de la ville et des faubourgs. Ils avaient
conquis de l'artillerie, de la munition, des armes,
et Lafayette venait d'entrer à l'Hôtel-de-Ville;
des députés, d'anciens généraux, de jeunes avo-
cats, s'étaient réunis au héros des deux siècles et
des deux mondes; un gouvernement provisoire
s'organisait. On savait que le roi, son fils et
les princesses étaient à Saint-Cloud; le duc
d'Angoulême avait parcouru toute la ligne de

communication; il avait fait distribuer 3o francs à chaque soldat suisse, vingt à chaque soldat de la garde, et cinquante à la cavalerie; les gendarmes des chasses avaient reçu chacun 9o francs. Le vin, les liqueurs enivrantes avaient été prodigués à tous les régiments. Des croix d'honneur étaient promises à toute l'armée.

Ces distributions d'argent, de vin, ces promesses, étaient un outrage à l'honneur des soldats. Il fallait, non tenter de les acheter, mais combattre à leur tête. Le héros du Trocadéro croyait toujours avoir affaire à des Pandours et à des Suisses. Les ministres, pendant cette journée si sanglante, siégeaient en conseil aux Tuileries. Leur retraite était assurée, et ils n'attendirent pas qu'elle fût compromise par une nouvelle attaque. Indépendamment des régiments retranchés dans cette longue ligne du Louvre à la barrière de l'Étoile, quatorze mille hommes et une nombreuse artillerie étaient campés au bois de Boulogne, et Marmont avait répondu de la soumission ou de l'extermination des *révoltés*.

La nuit suspendit les combats. On n'entendait que des feux de tirailleurs. Les patriotes avaient arboré les couleurs de la victoire et de la liberté. On s'attendait à une triple attaque, et plus terrible et plus formidable. On fortifia les barricades; on en décupla le nombre; on veilla sous les armes toute la nuit.

Des ambulances avaient été improvisées par-

tout où les braves patriotes avaient besoin de secours. Les vaincus blessés n'étaient plus des ennemis, et recevaient les mêmes secours, les
mêmes soins. On faisait des cartouches dans tous
les postes. Les femmes, dignes du nom de ci-
toyennes, donnaient leurs soins aux blessés et
faisaient de la charpie. Toute la population entière combattait ou servait les combattants, et
nulle part on n'entendait une plainte, un cri
d'effroi. Le mouvement avait été unanime et
spontané. On se préparait gaîment au combat
du lendemain; il devait être, il fut le dernier.

29 juillet.

Les troupes seules étaient restées au Louvre et
aux Tuileries, les ministres avaient disparu;
mais la ligne s'était réunie aux citoyens, tous les
Français se pressaient sous le drapeau tricolore;
en une heure le Louvre et les Tuileries furent
enlevés.

Si les insurgés eussent eu de la cavalerie, toute
l'armée royale eût été prise ou détruite; les régiments de la garde ont pu en partie effectuer
leur retraite; ils n'étaient qu'égarés, ils sont
maintenant dans nos rangs.

Les événements de ces trois journées, les hommes qui les ont opérés sont sans modèle et sans

rivaux dans l'histoire; les patriotes n'avaient ni armes, ni plan, ni chef; la grande cité était sans magistrats, et la plus étonnante victoire est pure de tout excès. Il n'y a pas de populace en France; les étrangers, qui nous accusaient de mollesse et de frivolité, s'étonnent et admirent. Jamais peuple n'a montré un plus noble caractère; notre cause est européenne; tous les étrangers qui se trouvaient à Paris se sont associés à nos vœux, à nos dangers; ils s'enorgueillissent de nos succès.

Les rois qui ont régné par eux-mêmes sont une rare et belle exception dans notre histoire. Depuis son origine, le gouvernement est essentiellement représentatif. Son existence émane du principe d'élection. L'hérédité n'avait été introduite que pour le trône et dans l'intérêt du peuple; aussi tous les efforts de la politique des familles titrées et du sacerdoce ont eu pour but de détruire ce principe. Qu'en est-il résulté? Les nobles, les prêtres et les femmes ont gouverné depuis François Ier. Partout la postérité de ce roi fanfaron s'est éteinte dans le sang; son fils avait eu dix enfants, trois seuls sont parvenus à la couronne. Le premier et le dernier sont morts empoisonnés; l'autre a été assassiné. La branche des Valois a disparu. Une branche collatérale au trentecinquième degré a été appelée au trône, ou plutôt s'y est placée elle-même. Les prêtres, les femmes, ont repris leur funeste influence sur

Henri IV et sa postérité. Les mêmes causes devaient produire les mêmes effets.

Malheur aux princes ignorants et crédules! tout ce qui les entoure les trompe et perpétue leur enfance. Ils n'aperçoivent pas le fond de l'abîme où les entraînent d'ineptes ou perfides conseillers.

Lors de la révolution de 1789, la Bastille était prise, la population armée; la révolution était consommée : on le savait à trente lieues de Paris, et Louis XVI ignorait à Versailles que les Parisiens eussent pris les armes.

Napoléon entrait au château de Fontainebleau; il avait traversé tout le midi et le centre de la France. Partout il avait été salué comme un libérateur, et Louis XVIII le croyait prisonnier dans le Jura, et le comte d'Artois avait fui de Lyon sous l'escorte d'un seul gendarme.

Dans la semaine du peuple, dans cette dernière révolution, la population de Paris avait écrasé l'armée royale, enlevé tous les postes, refoulé au-delà des barrières les débris de cette armée. Cent mille hommes étaient couverts des armes qu'ils avaient conquises, et ces armes étaient celles des régiments envoyés pour les combattre. Le drapeau tricolore flottait sur tous les monuments de la capitale; les insignes de la royauté avaient disparu. Charles X avait régné, et ce prince et son fils ne savaient rien. Ils ne

voyaient dans cette insurrection qu'une échauf-
fourée populaire. Les rebelles ne pouvaient échap-
per à un juste et prompt châtiment. La capitale
serait rayée du rang des bonnes villes. Une cour
martiale allait envoyer les coupables à leur juge
naturel, et Charles X avait fixé au jeudi 29 sa
rentrée dans son château des Tuileries. Un dîner
de gala avait été commandé, et ce dîner n'a profité qu'aux jeunes braves qui ont chassé de son
château et de Paris les Suisses chargés, en l'absence du prince, de garder le mobilier royal et
la batterie de cuisine.

Il était donc décidé que la malencontreuse famille ne dînerait pas même à Saint-Cloud le lendemain. Charles X et les siens ont été contraints
d'abandonner le repas délicat qui les attendait et
de céder leur place à des faubouriens de meilleur
appétit; et les nouveaux gastronomes ont eu l'insolence de se faire ramener à Paris dans des voitures dorées traînées par huit beaux chevaux
richement harnachés; ils ont joué jusqu'au dé-
nouement la farce du roi dépouillé.

La capitale regrette beaucoup de braves; des
milliers de citoyens ont été tués ou grièvement
blessés dans cette guerre de trois jours; leur sang
a cimenté notre indépendance. De plus nombreuses victimes seraient tombées sous la hache
de la tyrannie; des cours martiales étaient organisées sous la protection de trente mille gendar-

mes, et les listes de proscription avaient été dressées et envoyées à tous les préfets. La France, aujourd'hui heureuse, libre et paisible, serait couverte de sang et de ruines !!!

Les trois journées de juillet ont rendu à la France son rang parmi les nations. Une famille ingrate, parjure, non par système et par caractère, mais par faiblesse, avait compromis l'honneur national : cette famille ne pèse plus sur le sol français. Un prince qui fit ses premières armes dans les champs de Jemmapes, qui versa son sang dans la première campagne de la guerre de l'indépendance, qui est resté fidèle à sa bannière, à la patrie, a entendu ses vœux ; il a volé à son secours au moment du danger ; le pacte d'alliance a été proclamé ; une ère de bonheur, de gloire et de liberté s'ouvre pour la France ; le nom de Philippe Ier appartient à cette glorieuse et dernière révolution.

Tout citoyen est roi sous un roi citoyen.

RAPPORT AU ROI,

Le 25 juillet 1830.

Sire,

Vos ministres seraient peu dignes de la confiance dont Votre Majesté les honore, s'ils tardaient plus long-temps à placer sous vos yeux un aperçu de notre situation intérieure, et à signaler à votre haute sagesse les dangers de la presse périodique.

A aucune époque, depuis quinze années, cette situation ne s'étoit présentée sous un aspect plus grave et plus affligeant. Malgré une prospérité matérielle dont nos annales n'avaient jamais offert d'exemple, des signes de désorganisation et des symptômes d'anarchie se manifestent presque sur tous les points du royaume.

Les causes successives qui ont concouru à affaiblir les ressorts du gouvernement monarchique tendent aujourd'hui à en altérer et à en changer la nature : déchue de sa force morale, l'autorité soit dans la capitale, soit dans les provinces, ne lutte plus qu'avec désavantage contre les factions. Des doctrines pernicieuses et subversives, hautement professées, se répandent et se propagent dans toutes les classes de la population ; des inquiétudes trop généralement accréditées agitent les esprits et tourmentent la société. De toutes parts, on demande au présent des gages de sécurité pour l'avenir.

Une malveillance active, ardente, infatigable travaille à ruiner tous les fondements de l'ordre et à ravir à la

France le bonheur dont elle jouit sous le sceptre de ses rois. Habile à exploiter tous les mécontentements et à soulever toutes les haines, elle fomente, parmi les peuples, un esprit de défiance et d'hostilité envers le pouvoir, et cherche à semer partout des germes de troubles et de guerre civile.

Et déjà, Sire, des événements récents ont prouvé que les passions politiques, contenues jusqu'ici dans les sommités de la société, commencent à en pénétrer les profondeurs et à émouvoir les masses populaires. Ils ont prouvé aussi que ces masses ne s'ébranleraient pas toujours sans danger pour ceux-là même qui s'efforcent de les arracher au repos.

Une multitude de faits, recueillis dans le cours des opérations électorales, confirment ces données, et nous offriraient le présage trop certain de nouvelles commotions, s'il n'était au pouvoir de Votre Majesté d'en détourner le malheur.

Partout aussi, si l'on observe avec attention, existe un besoin d'ordre, de force et de permanence, et les agitations qui y semblent le plus contraires n'en sont en réalité que l'expression et le témoignage.

Il faut bien le reconnaître : ces agitations, qui ne peuvent s'accroître sans de grands périls, sont presque exclusivement produites et excitées par la liberté de la presse. Une loi sur les élections, non moins féconde en désordres, a sans doute concouru à les entretenir ; mais ce serait nier l'évidence que de ne pas voir dans les journaux le principal foyer d'une corruption dont les progrès sont chaque jour plus sensibles, et la première source des calamités qui menacent le royaume.

L'expérience, Sire, parle plus hautement que les théories. Des hommes éclairés sans doute, et dont la bonne foi d'ailleurs n'est pas suspecte, entraînés par l'exemple mal compris d'un peuple voisin, ont pu croire que les avantages de la presse périodique en balanceraient les inconvénients, et que ses excès se neutraliseraient par des excès contraires. Il n'en a pas été ainsi ; l'épreuve est décisive, et la question est maintenant jugée dans la conscience publique.

A toutes les époques, en effet, la presse périodique n'a été, et il est dans sa nature de n'être qu'un instrument de désordre et de sédition.

Que de preuves nombreuses et irrécusables à apporter à l'appui de cette vérité! C'est par l'action violente et non interrompue de la presse que s'expliquent les variations trop subites, trop fréquentes de notre politique intérieure. Elle n'a pas permis qu'il s'établît en France un système régulier et stable de gouvernement, ni qu'on s'occupât avec quelque suite d'introduire, dans toutes les branches de l'administration publique, les améliorations dont elles sont susceptibles. Tous les ministères, depuis 1814 ; quoique formés sous des influences diverses et soumis à des directions opposées, ont été en butte aux mêmes traits, aux mêmes attaques et au même déchaînement de passions. Les sacrifices de tout genre, les concessions de pouvoir, les alliances de parti, rien n'a pu les soustraire à cette commune destinée.

Ce rapprochement seul, si fertile en réflexions, suffirait pour assigner à la presse son véritable, son invariable caractère. Elle s'applique, par des efforts soutenus, persévérants, répétés chaque jour, à relâcher tous les liens d'obéissance et de subordination, à user les ressorts de l'autorité publique, à la rabaisser, à l'avilir dans l'opinion des peuples, et à lui créer partout des embarras et des résistances.

Son art consiste, non pas à substituer à une trop facile soumission d'esprit une sage liberté d'examen, mais à réduire en problème les vérités les plus positives; non pas à provoquer sur les questions politiques une controverse franche et utile, mais à les présenter sous un faux jour et à les résoudre par des sophismes.

La presse a jeté ainsi le désordre dans les intelligences les plus droites, ébranlé les convictions les plus fermes, et produit, au milieu de la société, une confusion de principes qui se prête aux tentatives les plus funestes. C'est par l'anarchie dans les doctrines qu'elle prélude à l'anarchie dans l'État.

Il est digne de remarque, Sire, que la presse périodique n'a pas même rempli sa plus essentielle condition, celle de la publicité. Ce qui est étrange, mais ce qui est vrai à dire, c'est qu'il n'y a pas de publicité en France, en prenant ce mot dans sa juste et rigoureuse acception. Dans l'état des choses, les faits, quand ils ne sont pas entièrement supposés, ne parviennent à la connaissance de plusieurs millions de lecteurs que tronqués, défigurés, mutilés de la manière la plus odieuse. Un épais nuage, élevé par les journaux, dérobe la vérité et intercepte en quelque sorte la lumière entre le gouvernement et les peuples. Les rois vos prédécesseurs, Sire, ont toujours aimé à se communiquer à leurs sujets : c'est une satisfaction dont la presse n'a pas voulu que Votre Majesté pût jouir.

Une licence qui a franchi toutes les bornes n'a respecté, en effet, même dans les occasions les plus solennelles, ni les volontés expresses du roi, ni les paroles descendues du haut du trône. Les unes ont été méconnues et dénaturées; les autres ont été l'objet de perfides commentaires ou d'amères dérisions. C'est ainsi que le dernier acte de la puissance royale, la proclamation, a été discrédité dans le public avant même d'être connu des électeurs.

Ce n'est pas tout. La presse ne tend pas moins qu'à subjuguer la souveraineté et à envahir les pouvoirs de l'État. Organe prétendu de l'opinion publique, elle aspire à diriger les débats des deux chambres, et il est incontestable qu'elle y apporte le poids d'une influence non moins fâcheuse que décisive. Cette domination a pris, surtout depuis deux ou trois ans, dans la Chambre des députés, un caractère manifeste d'oppression et de tyrannie. On a vu, dans cet intervalle de temps, les journaux poursuivre de leurs insultes et de leurs outrages les membres dont le vote leur paraissait incertain ou suspect. Trop souvent, Sire, la liberté des délibérations dans cette chambre a succombé sous les coups redoublés de la presse.

On ne peut qualifier en termes moins sévères la conduite des journaux de l'opposition dans des circonstances plus récentes. Après avoir eux-mêmes provoqué une adresse attentatoire aux prérogatives du trône, ils n'ont pas craint d'ériger en principe la réélection des 221 députés dont elle est l'ouvrage. Et cependant Votre Majesté avait repoussé cette adresse comme offensante; elle avait porté un blâme public sur le refus de concours qui y était exprimé; elle avait annoncé sa résolution immuable de défendre les droits de sa couronne si ouvertement compromis. Les feuilles périodiques n'en ont tenu compte; elles ont pris, au contraire, à tâche de renouveler, de perpétuer et d'aggraver l'offense. Votre Majesté décidera si cette attaque téméraire doit rester plus longtemps impunie.

Mais de tous les excès de la presse, le plus grave peut-être nous reste à signaler. Dès les premiers temps de cette

expédition dont la gloire jette un éclat si pur et si durable sur la noble couronne de France, la presse en a cri-
tiqué avec une violence inouïe les causes, les moyens, les
préparatifs, les chances de succès. Insensible à l'honneur national, il n'a pas dépendu d'elle que notre pavillon
ne restât flétri des insultes d'un barbare. Indifférente aux
grands intérêts de l'humanité, il n'a pas dépendu d'elle
que l'Europe ne restât asservie à un esclavage cruel et à
des tributs honteux.

Ce n'était point assez : par une trahison que nos lois
n'auraient pu atteindre, la presse s'est attachée à publier
tous les secrets de l'armement, à porter à la connaissance
de l'étranger l'état de nos forces, le dénombrement de nos
troupes, celui de nos vaisseaux, l'indication des points de
station, les moyens à employer pour dompter l'incons-
tance des vents, et pour aborder la côte. Tout, jusqu'au
lieu de débarquement, a été divulgué comme pour ménager à l'ennemi une défense plus assurée. Et, chose
sans exemple chez un peuple civilisé, la presse, par de
fausses alarmes sur les périls à courir, n'a pas craint de
jeter le découragement dans l'armée, et signalant à sa
haine le chef même de l'entreprise, elle a pour ainsi dire
excité les soldats à lever contre lui l'étendard de la révolte
ou à déserter leurs drapeaux ! Voilà ce qu'ont osé faire les
organes d'un parti qui se prétend national !

Ce qu'il ose faire chaque jour, dans l'intérieur du
royaume, ne va pas moins qu'à disperser les éléments de
la paix publique, à dissoudre les liens de la société, et
qu'on ne s'y méprenne point, à faire trembler le sol
sous nos pas. Ne craignons pas de révéler ici toute l'étendue de nos maux pour pouvoir mieux apprécier toute l'é-
tendue de nos ressources. Une diffamation systématique,
organisée en grand, et dirigée avec une persévérance sans

égale, va atteindre, ou de près ou de loin , jusqu'au plus humble des agents du pouvoir. Nul de vos sujets, Sire , n'est à l'abri d'un outrage, s'il reçoit de son souverain la moindre marque de confiance ou de satisfaction. Un vaste réseau, étendu sur la France, enveloppe tous les fonctionnaires publics ; constitués en état permanent de prévention, ils semblent en quelque sorte retranchés de la société civile ; on n'épargne que ceux dont la fidélité chancelle ; on ne loue que ceux dont la fidélité succombe ; les autres sont notés par la faction pour être plus tard sans doute immolés aux vengeances populaires.

La presse périodique n'a pas mis moins d'ardeur à poursuivre de ses traits envenimés la religion et le prêtre. Elle veut, elle voudra toujours déraciner, dans le cœur des peuples , jusqu'au dernier germe des sentiments religieux. Sire , ne doutez pas qu'elle n'y parvienne, en attaquant les fondements de la foi , en altérant les sources de la morale publique , et en prodiguant à pleines mains la dérision et le mépris aux ministres des autels.

Nulle force, il faut l'avouer, n'est capable de résister à un dissolvant aussi énergique que la presse. A toutes les époques où elle s'est dégagée de ses entraves, elle a fait irruption, invasion dans l'État. On ne peut qu'être singulièrement frappé de la similitude de ses effets depuis quinze ans, malgré la diversité des circonstances et malgré le changement des hommes qui ont occupé la scène politique. Sa destinée est, en un mot, de recommencer la révolution dont elle proclame hautement les principes. Placée et replacée à plusieurs intervalles sous le joug de la censure, elle n'a autant de fois ressaisi la liberté que pour reprendre son ouvrage interrompu. Afin de le continuer avec plus de succès, elle a trouvé un actif auxiliaire dans la presse départementale, qui, mettant aux prises les jalousies et les haines locales, semant l'effroi dans l'âme des hommes timides, harcelant l'autorité par d'interminables tracasseries, a exercé une influence presque décisive sur les élections.

Ces derniers effets, Sire, sont passagers ; mais des effets plus durables se font remarquer dans les mœurs et dans le caractère de la nation. Une polémique ardente, mensongère et passionnée, école de scandale et de licence, y produit des changements graves et des altérations profondes ; elle donne une fausse direction aux esprits, les remplit de préventions et de préjugés, les détourne des études sérieuses, nuit aussi aux progrès des arts et des sciences, excite parmi nous une fermentation toujours croissante ; entretient jusque dans le sein des familles de funestes dissensions, et pourrait par degrés nous ramener à la barbarie.

Contre tant de maux enfantés par la presse périodique, la loi et la justice sont également réduites à confesser leur impuissance.

Il serait superflu de rechercher les causes qui en ont atténué la répression et en ont fait insensiblement une arme inutile dans la main du pouvoir. Il nous suffit d'interroger l'expérience et de constater l'état présent des choses.

Les mœurs judiciaires se prêtent difficilement à une répression efficace. Cette vérité d'observation avait depuis long-temps frappé de bons esprits : elle a acquis nouvellement un caractère plus marqué d'évidence. Pour satisfaire aux besoins qui l'ont fait instituer, la répression aurait dû être prompte et forte : elle est restée lente, faible et à peu près nulle. Lorsqu'elle intervient, le dommage est commis ; loin de le réparer, la punition y ajoute le scandale du débat.

La poursuite juridique se lasse, la presse séditieuse ne se lasse jamais. L'une s'arrête, parce qu'il y a trop à sévir ; l'autre multiplie ses forces en multipliant ses délits.

Dans des circonstances diverses, la poursuite a eu ses périodes d'activité ou de relâchement. Mais zèle ou tiédeur de la part du ministère public, qu'importe à la presse ? Elle cherche dans le redoublement de ses excès la garantie de leur impunité.

L'insuffisance ou plutôt l'inutilité des précautions établies dans les lois en vigueur, est démontrée par les faits. Ce qui est également démontré par les faits, c'est que la sûreté publique est compromise par la licence de la presse. Il est temps, il est plus que temps d'en arrêter les ravages.

Entendez, Sire, ce cri prolongé d'indignation et d'effroi qui part de tous les points de votre royaume. Les hommes paisibles, les gens de bien, les amis de l'ordre élèvent vers Votre Majesté des mains suppliantes. Tous lui demandent de les préserver du retour des calamités dont leurs pères ou eux-mêmes eurent tant à gémir. Ces alarmes sont trop réelles pour n'être pas écoutées, ces vœux sont trop légitimes pour n'être pas accueillis.

Il n'est qu'un seul moyen d'y satisfaire, c'est de rentrer dans la Charte. Si les termes de l'article 8 sont ambigus, son esprit est manifeste. Il est certain que la Charte n'a pas concédé la liberté des journaux et des écrits périodiques. Le droit de publier ses opinions personnelles n'implique sûrement pas le droit de publier, par voie d'entreprise, les opinions d'autrui. L'un est l'usage d'une faculté que la loi a pu laisser libre ou soumettre à des restrictions ; l'autre est une spéculation d'industrie qui, comme les autres et plus que les autres, suppose la surveillance de l'autorité publique.

Les intentions de la Charte, à ce sujet, sont exactement expliquées dans la loi du 21 octobre 1814, qui en est en quelque sorte l'appendice ; on peut d'autant moins en douter que cette loi fut présentée aux chambres le 5 juillet, c'est-à-dire un mois après la promulgation de la Charte. En 1819, à l'époque même où un système contraire prévalut dans les chambres, il y fut hautement proclamé que la presse périodique n'était point régie par la disposition de l'article 8. Cette vérité est d'ailleurs attestée par les lois même qui ont imposé aux journaux la condition d'un cautionnement.

Maintenant, Sire, il ne reste plus qu'à se demander comment doit s'opérer ce retour à la Charte et à la loi du 21 octobre 1814. La gravité des conjonctures présentes a résolu cette question.

Il ne faut pas s'abuser ; nous ne sommes plus dans les conditions ordinaires du gouvernement représentatif. Les principes sur lesquels il a été établi n'ont pu demeurer intacts au milieu des vicissitudes politiques. Une démocratie turbulente, qui a pénétré jusque dans nos lois, tend à se substituer au pouvoir légitime. Elle dispose de la majorité des élections par le moyen de ses journaux et le concours d'affiliations nombreuses. Elle a paralysé, autant qu'il dépendait d'elle, l'exercice régulier de la plus essentielle prérogative de la couronne, celle de dissoudre la chambre élective. Par cela même, la constitution de l'État est ébranlée : Votre Majesté seule conserve la force de la rasseoir et de la raffermir sur ses bases.

Le droit comme le devoir d'en assurer le maintien est l'attribut inséparable de la souveraineté. Nul gouvernement sur la terre ne resterait debout, s'il n'avait le droit de pourvoir à sa sûreté. Ce pouvoir est préexistant aux lois, parce qu'il est dans la nature des choses. Ce sont là,

Sire, des maximes qui ont pour elles et la sanction du temps et l'aveu de tous les publicistes de l'Europe.

Mais ces maximes ont une autre sanction plus positive encore, celle de la Charte elle-même. L'art. 14 a investi Votre Majesté d'un pouvoir suffisant, non sans doute pour changer nos institutions, mais pour les consolider et les rendre plus immuables.

D'impérieuses nécessités ne permettent plus de différer l'exercice de ce pouvoir suprême. Le moment est venu de recourir à des mesures qui rentrent dans l'esprit de la Charte, mais qui sont en dehors de l'ordre légal, dont toutes les ressources ont été inutilement épuisées.

Ces mesures, Sire, vos ministres, qui doivent en assurer le succès, n'hésitent pas à vous les proposer, convaincus qu'ils sont que force restera à justice.

Nous sommes avec le plus profond respect,

 Sire,

  De Votre Majesté,

   Les très-humbles et très-fidèles sujets,

Le président du conseil des ministres,
    Prince DE POLIGNAC.

Le garde des sceaux de France, ministre de la justice,   CHANTELAUZE.

Le ministre secrétaire d'État de la marine et des colonies,   Baron D'HAUSSEZ.

Le ministre secrétaire d'État de l'intérieur,
    Comte DE PEYRONNET.

Le ministre secrétaire d'État des finances,
    MONTBEL.

Le ministre secrétaire d'Etat des affaires ecclésiastiques et de l'instruction publique,
    Comte DE GUERNON-RANVILLE.

Le ministre secrétaire d'État des travaux publics,   Baron CAPELLE.

ORDONNANCES DU ROI.

CHARLES, etc.,

Nous avons ordonné et ordonnons ce qui suit :

Art. 1er. La liberté de la presse périodique est suspendue.

2. Les dispositions des art. 1er, 2 et 9 du titre 1er de la loi du 21 octobre 1814 sont remises en vigueur.

En conséquence, nul journal et écrit périodique ou semi-périodique, établi ou à établir, sans distinction des matières qui y seront traitées, ne pourra paraître, soit à Paris, soit dans les départements, qu'en vertu de l'autorisation qu'en auront obtenue de nous séparément les auteurs et l'imprimeur.

Cette autorisation devra être renouvelée tous les trois mois.

Elle pourra être révoquée.

3. L'autorisation pourra être provisoirement accordée et provisoirement retirée par les préfets aux journaux et ouvrages périodiques ou semi-périodiques publiés ou à publier dans les départements.

4. Les journaux et écrits publiés en contravention à l'art. 2 seront immédiatement saisis.

Les presses et caractères qui auront servi à leur impression seront placés dans un dépôt public et sous scellés ou mis hors de service.

5. Nul écrit au-dessous de vingt feuilles d'impression

ne pourra paraître qu'avec l'autorisation de notre minis-tre secrétaire d'État de l'intérieur à Paris, et des préfets dans les départements.

Tout écrit de plus de vingt feuilles d'impression qui ne constituera pas un même corps d'ouvrage, sera égale-ment soumis à la nécessité de l'autorisation.

Les écrits publiés sans autorisation seront immédiate-ment saisis.

Les presses et caractères qui auront servi à leur im-pression, seront placés dans un dépôt public et sous scel-lés ou mis hors de service.

6. Les mémoires sur procès et les mémoires des socié-tés savantes ou littéraires, seront soumis à l'autorisation préalable, s'ils traitent en tout ou en partie de matières politiques, cas auquel les mesures prescrites par l'art. 5 leur seront applicables.

7. Toute disposition contraire aux présentes restera sans effet.

8. L'exécution de la présente ordonnance aura lieu en conformité de l'art. 4 de l'ordonnance du 27 novem-bre 1816 et de ce qui est prescrit par celle du 18 jan-vier 1817.

9. Nos ministres secrétaires d'État sont chargés de l'exé-cution des présentes.

Donné au château de Saint-Cloud, le 25ᵉ jour du mois de juillet de l'an de grâce 1830, et de notre règne le sixième.

CHARLES.

Par le Roi :

Le président du conseil des ministres,
Prince DE POLIGNAC.

Le garde des sceaux, ministre secrétaire
d'État au département de la justice,
CHANTELAUZE.

Le ministre secrétaire d'État de la marine et des colonies,

Baron D'HAUSSEZ.

Le pair de France, ministre secrétaire d'État de l'intérieur,

Comte DE PEYRONNET.

Le ministre secrétaire d'État des finances,

MONTBEL.

Le ministre des affaires ecclésiastiques et de l'instruction publique,

Comte DE GUERNON-RANVILLE.

Le ministre secrétaire d'État au département des travaux publics,

Baron CAPELLE.

———————

CHARLES, etc.,

A tous ceux qui ces présentes verront, salut.

Vu l'article 50 de la Charte constitutionnelle,

Étant informé des manœuvres qui ont été pratiquées sur plusieurs points de notre royaume, pour tromper et égarer les électeurs pendant les dernières opérations des colléges électoraux,

Notre conseil entendu,

Nous avons ordonné et ordonnons :

Art. 1ᵉʳ. La chambre des députés des départements est dissoute.

2. Notre ministre secrétaire d'État de l'intérieur est chargé de l'exécution de la présente ordonnance.

Donné à Saint-Cloud, le 25ᵉ jour du mois de juillet de l'an de grâce 1830 et de notre règne le sixième.

CHARLES.

Par le Roi :

Le ministre secrétaire d'État de l'intérieur,

Comte DE PEYRONNET.

CHARLES, etc.,

A tous ceux qui ces présentes verront, salut.

Ayant résolu de prévenir le retour des manœuvres qui ont exercé une influence pernicieuse sur les dernières opérations des colléges électoraux;

Voulant en conséquence réformer, selon les principes de la Charte constitutionnelle, les règles d'élection dont l'expérience a fait sentir les inconvénients;

Nous avons reconnu la nécessité d'user du droit qui nous appartient, de pourvoir, par des actes émanés de nous, à la sûreté de l'État et à la répression de toute entreprise attentatoire à la dignité de notre couronne.

A ces causes,

Notre conseil entendu,

Nous avons ordonné et ordonnons :

Art. 1er. Conformément aux articles 15, 36 et 50 de la Charte constitutionnelle, la Chambre des députés ne se composera que de députés de département.

2. Le cens électoral et le cens d'éligibilité se composeront exclusivement des sommes pour lesquelles l'électeur et l'éligible seront inscrits personnellement, en qualité de propriétaire ou d'usufruitier, au rôle de l'imposition foncière et de l'imposition personnelle et mobilière.

3. Chaque département aura le nombre de députés qui lui est attribué par l'article 36 de la Charte constitutionnelle.

4. Les députés seront élus et la chambre sera renouvelée dans la forme et pour le temps fixés par l'article 37 de la Charte constitutionnelle.

5. Les colléges électoraux se diviseront en colléges d'arrondissement et colléges de département.

Sont toutefois exceptés les colléges électoraux des

départements auxquels il n'est attribué qu'un seul député.

6. Les colléges électoraux d'arrondissement se composeront de tous les électeurs dont le domicile politique sera établi dans l'arrondissement.

Les colléges électoraux de département se composeront du quart le plus imposé des électeurs du département.

7. La circonscription actuelle des colléges électoraux d'arrondissement est maintenue.

8. Chaque collége électoral d'arrondissement élira un nombre de candidats égal au nombre des députés de département.

9. Le collége d'arrondissement se divisera en autant de sections qu'il devra nommer de candidats.

Cette division s'opèrera proportionnellement au nombre des sections et au nombre total des électeurs du collége, en ayant égard, autant qu'il sera possible, aux convenances des localités et du voisinage.

10. Les sections du collége électoral d'arrondissement pourront être assemblées dans des lieux différents.

11. Chaque section du collége électoral d'arrondissement élira un candidat et procèdera séparément.

12. Les présidents des sections du collége électoral d'arrondissement seront nommés par les préfets, parmi les électeurs de l'arrondissement.

13. Le collége de département élira les députés.

La moitié des députés du département devra être choisie dans la liste générale des candidats proposés par les colléges d'arrondissement.

Néanmoins si le nombre des députés du département est impair, le partage se fera sans réduction du droit réservé au collége du département.

14. Dans le cas où, par l'effet d'omissions, de nominations nulles ou de doubles nominations, la liste de candidats proposés par les colléges d'arrondissement serait
incomplète ; si cette liste est réduite au-dessous de la
moitié du nombre exigé, le collége de département pourra élire un député de plus hors de la liste ; si la liste est
réduite au-dessous du quart, le collége de département
pourra élire hors de la liste la totalité des députés du département.

15. Les préfets, les sous-préfets et les officiers généraux
commandant les divisions militaires et les départements,
ne pourront être élus dans les départements où ils exer-
cent leurs fonctions.

16. La liste des électeurs sera arrêtée par le préfet en
conseil de préfecture. Elle sera affichée cinq jours avant
la réunion des colléges.

17. Les réclamations sur la faculté de voter auxquelles
il n'aura pas été fait droit par les préfets, seront jugées
par la Chambre des députés en même temps qu'elle sta-
tuera sur la validité des opérations des colléges.

18. Dans les colléges électoraux de département, les
deux électeurs les plus âgés et les deux électeurs les plus
imposés rempliront les fonctions de scrutateur.

La même disposition sera observée dans les sections de
collége d'arrondissement composées de plus de cinquante
électeurs.

Dans les autres sections de collége, les fonctions de
scrutateur seront remplies par le plus âgé et par le plus
imposé des électeurs.

Le secrétaire sera nommé dans le collége des sections
de collége par le président et les scrutateurs.

19. Nul ne sera admis dans le collége ou section de
collége s'il n'est inscrit sur la liste des électeurs qui en

doivent faire partie. Cette liste sera remise au président, et restera affichée dans le lieu des séances du collége pendant la durée de ses opérations.

20. Toute discussion et toute délibération quelconques seront interdites dans le sein des colléges électoraux.

21. La police du collége appartient au président. Aucune force armée ne pourra, sans sa demande, être placée auprès du lieu des séances. Les commandants militaires seront tenus d'obtempérer à ses réquisitions.

22. Les nominations seront faites dans les colléges et sections de collége, à la majorité absolue des votes exprimés.

Néanmoins, si les nominations ne sont pas terminées après deux tours de scrutin, le bureau arrêtera la liste des personnes qui auront obtenu le plus de suffrages au deuxième tour. Elle contiendra un nombre de noms double de celui des nominations qui resteront à faire. Au troisième tour, les suffrages ne pourront être donnés qu'aux personnes inscrites sur cette liste, et la nomination sera faite à la majorité relative.

23. Les électeurs voteront par bulletins de liste. Chaque bulletin contiendra autant de noms qu'il y aura de nominations à faire.

24. Les électeurs écriront leur vote sur le bureau, ou l'y feront écrire par l'un des scrutateurs.

25. Le nom, la qualification et le domicile de chaque électeur qui déposera son bulletin, seront inscrits par le secrétaire sur une liste destinée à constater le nombre des votants.

26. Chaque scrutin restera ouvert pendant six heures et sera dépouillé séance tenante.

27. Il sera dressé un procès-verbal pour chaque séance.

Ce procès-verbal sera signé par tous les membres du bureau.

28. Conformément à l'art. 46 de la Charte constitutionnelle, aucun amendement ne pourra être fait à une loi, dans la chambre, s'il n'a été proposé ou consenti par nous, et s'il n'a été renvoyé et discuté dans les bureaux.

29. Toutes dispositions contraires à la présente ordonnance resteront sans effet.

3o. Nos ministres secrétaires d'État sont chargés de l'exécution de la présente ordonnance.

Donné à Saint-Cloud, le 25ᵉ jour du mois de juillet de l'an de grâce mil huit cent trente, et de notre règne le sixième.

CHARLES.

Par le Roi :

Le président du conseil des ministres,
Prince DE POLIGNAC.

Le garde des sceaux, ministre de la justice,
CHANTELAUZE.

Le ministre de la marine et des colonies,
Baron D'HAUSSEZ.

Le ministre secrétaire d'État au département de l'intérieur,
Comte DE PEYRONNET.

Le ministre secrétaire d'État des finances,
MONTBEL.

Le ministre des affaires ecclésiastiques et de l'instruction publique,
Comte DE GUERNON-RANVILLE.

Le ministre des travaux publics,
Baron CAPELLE.

CHARLES, etc.,

A tous ceux qui ces présentes verront, salut.

Vu l'ordonnance royale en date de ce jour, relative à l'organisation des colléges électoraux ;

Sur le rapport de notre ministre secrétaire d'État au département de l'intérieur,

Nous avons ordonné et ordonnons ce qui suit :

Art. 1er. Les colléges électoraux se réuniront, savoir : les colléges électoraux d'arrondissement, le 6 septembre prochain, et les colléges électoraux de département, le 13 du même mois.

2. La Chambre des pairs et la Chambre des députés des départements sont convoquées pour le 28 du mois de septembre prochain.

3. Notre ministre secrétaire d'État de l'intérieur est chargé de l'exécution de la présente ordonnance.

Donné au château de Saint-Cloud, le 25e jour du mois de juillet, et de l'an de grâce 1830, et de notre règne le sixième.

CHARLES.

Par le Roi :

Le ministre secrétaire d'État de l'intérieur,

Comte DE PEYRONNET.

CHARLES, etc.,

A tous ceux qui ces présentes verront, salut.

Art. 1er. Le sieur Delavau, conseiller d'État en service extraordinaire, est nommé conseiller d'État en service ordinaire.

2. Les sieurs comte de Vaublanc, baron Dudon, ministres d'État ; marquis Forbin des Issarts, baron de Fre-

nilly, Franchet Desperey, vicomte de Castelbajac, Syrieys de Mayrinhac, conseillers d'État en service extraordinaire, sont autorisés à assister et à participer aux délibérations de notre conseil d'État.

3. Les sieurs Cornet-d'Incourt, conseiller d'État honoraire, et baron de Villebois, maître des requêtes, sont nommés conseillers d'État en service extraordinaire, avec autorisation d'assister et de participer aux délibérations de notre conseil d'État.

4. Les sieurs de Formon et vicomte de Conny, maîtres des requêtes, sont nommés conseillers d'État en service extraordinaire, avec autorisation d'assister et de participer aux délibérations de notre conseil d'État.

5. Les sieurs vicomte de Curzay, maître des requêtes, préfet du département de la Gironde, et marquis de Villeneuve, préfet du département de la Corrèze, sont nommés conseillers d'État en service extraordinaire.

6. Les sieurs baron de Chaulieu, préfet du département de la Loire, et Mery de Contades, sont nommés maîtres des requêtes en service extraordinaire.

CHARLES, etc.

Art. 1er. Le sieur Bergasse, ancien député aux états-généraux, est nommé conseiller d'État honoraire.

LISTE DES PAIRS

NOMMÉS LE 5 NOVEMBRE 1827.

CHARLES, PAR LA GRACE DE DIEU, ROI DE FRANCE ET DE NAVARRE,

A tous ceux qui ces présentes verront, salut.

Nous avons ordonné et ordonnons ce qui suit :

Art. 1er. Sont élevés à la dignité de pairs du royaume, les sieurs :

Comte de Montblanc, archevêque de Tours.

Comte de Brault, archevêque d'Alby.

Comte de Morlhon, archevêque d'Auch.

Comte Morel de Mons, archevêque d'Avignon.

Comte de Pins, archevêque d'Amasie, administrateur du diocèse de Lyon.

Comte de Divonne, maréchal de camp.

Comte Alexandre de Sainte-Aldegonde, lieutenant général, membre du conseil général du département de l'Aisne.

Marquis de Montcynard, membre du conseil général du département de l'Isère.

Comte Eugène de Vogué, membre du conseil général du département de l'Ardèche.

Comte de Mostuejouls, membre du conseil général du département de l'Aveyron.

Marquis de Levis-Mirepoix, membre du conseil général du département de la Seine.

Comte de Panisse, membre du conseil général du département des Bouches-du-Rhône.

Marquis Rioult de Neuville, membre du conseil général du département du Calvados.

Marquis de Conflans, maréchal de camp.

Compte de Bonneval Doullée, membre du conseil général du département du Cher.

Marquis de Macmahon (Charles-Laure),maréch. de camp.

Pernet de Grosbois, conseiller d'État.

Comte de Kergariou, conseiller d'État, membre du conseil général du département des Côtes-du-Nord.

De Chifflet, premier président de la cour royale de Besançon, membre du conseil général du département du Doubs.

Comte d'Urre (Henri), propriétaire dans le département de la Drôme.

Marquis de Radepont, membre du conseil général du département de l'Eure.

Comte de la Fruglaye, membre du conseil général du département du Finistère.

Comte Bude de Guébriant, propriétaire.

Marquis de Calvière, membre du conseil général du département du Gard.

Vicomte de Castelbajac, conseiller d'État.

Notre cousin le duc d'Esclignac, lieutenant-colonel.

Baron Sarret de Coussergues, contre-amiral, membre du conseil général du département de l'Hérault.

Comte de la Vieuville, ancien préfet.

Marquis de Lancosme, membre du conseil général du département de l'Indre.

Comte Ruzé d'Effiat, membre du conseil général du département d'Indre-et-Loire.

Comte Octave de Quinsonnas, lieutenant général.

Marquis de Froissard, membre du conseil général du département du Jura.

Marquis de Courtarvel, membre du conseil général du département de Loir-et-Cher.

Comte Humbert de Sesmaisons, membre du conseil général du département de la Loire-Inférieure.

Marquis de Colbert Chabannais, propriétaire.

Marquis de Dampierre (Élie-Louis-Aymar), propriétaire dans le département de Lot-et-Garonne.

Comte René de Bernis, membre du conseil général du département de la Lozère.

Marquis de Civrac, membre du conseil général du département de Maine-et-Loire.

Comte Louis de Kergorlay, propriétaire, membre du conseil général du département de la Manche.

Comte de Tocqueville, maître des requêtes, préfet du département de Seine-et-Oise.

Vicomte de Sainte-Maure, membre du conseil général du département de la Haute-Marne.

Marquis de Bailly de Fresnois, membre du conseil général du département de la Mayenne.

Notre cousin le maréch. prince de Hohenlohe-Bartenstein.

Comte d'Imécourt, membre du conseil général du département de la Meuse.

Comte Dubotderu, maréchal de camp, membre du conseil général du département du Morbihan.

Comte d'Hoffelize, maréchal de camp, membre du conseil général du département de la Moselle.

Comte Albéric de Choiseul, gentilhomme honoraire de notre chambre.

Prince Pierre d'Aremberg.

Comte Maurice de Caraman, maréchal de camp.

De Frénilly, conseiller d'État.

Prince de Berghes Saint-Winoch (Charles-Alexandre-Désiré-Eugène).

Marquis de Tramecourt, membre du conseil général du département du Pas-de-Calais.

Comte de Bouillé, maréchal de camp, gouverneur de la
  Martinique.

Comte de Pontgibeau (Eugène-Victoire-Demoré), propriétaire.

Comte d'Andelaw, maréchal de camp.

Comte d'Albon, membre du conseil général du département du Rhône.

Marquis de Saint-Mauris Chatenois, membre du conseil
  général du département de la Haute-Saône.

Marquis de Beaurepaire, membre du conseil général du
  département de Saône-et-Loire.

Marquis de Lévis (Guy-Henri-Joseph- Thérèse), maréchal de camp.

Baron de La Bouillerie, ministre d'État.

Ollivier, membre du conseil général du département de
  la Seine.

De La Panouse, membre du conseil général du département de la Seine.

Notre cousin le prince de Montmorenci, membre du
  conseil général du département de la Seine - Infé-
  rieure.

Comte Hocquart de Turtot.

Comte de Maquillé, membre du conseil général du département de Maine-et-Loire.

Notre cousin le prince de Croï-Solre, lieutenant général,
  capitaine de nos gardes.

Comte Adrien de Rougé, membre du conseil d'arrondissement de Montdidier (Somme).

Notre cousin le maréchal Soult, duc de Dalmatie.

Marquis de Gourgues, maître des requêtes.

Marquis de Forbin des Issarts, maréchal de camp, conseiller d'État, membre du conseil général du département de Vaucluse.

Vicomte de Causans, membre du conseil général du département de Vaucluse.

De Sapinaud, lieutenant général, membre du conseil général du département de la Vendée.

Marquis des Montiers de Mérainville, membre du conseil général du département de la Haute-Vienne.

Comte Berthrand de Lur-Saluces.

Comte de Suzannet.

Comte de Nansouty.

Art. 2. La dignité de pair du royaume, qu'il nous a plu de conférer aux personnes nommées par la présente ordonnance, ne sera héréditaire qu'à la charge par elles de constituer un majorat de dix mille francs au moins de revenu net en biens immeubles.

Il est dérogé à leur égard à l'article 1er de l'ordonnance du 25 août 1817.

3. Le président de notre conseil des ministres et notre garde des sceaux, ministre secrétaire d'État au département de la justice, sont chargés, chacun en ce qui le concerne, de l'exécution de la présente ordonnance, qui sera insérée au Bulletin des lois.

Donné à Paris, en notre château des Tuileries, le cinquième jour du mois de novembre de l'an de grâce 1827, et de notre règne le quatrième.

CHARLES.

Par le Roi,

Le président du conseil des ministres,

JH. DE VILLÈLE.

www.ingramcontent.com/pod-product-compliance
Ingram Content Group UK Ltd.
Pitfield, Milton Keynes, MK11 3LW, UK
UKHW020211130726
13696UKWH00002B/853